Higino

Fábulas mitológicas

Traducción, introducción y notas
de Francisco Miguel del Rincón Sánchez

Alianza editorial
El libro de bolsillo

Primera edición: 2009
Segunda edición: 2024

Diseño de colección: Estrada Design
Diseño de cubierta: Manuel Estrada

Calle Valentín Beato, 21
28037 Madrid
www.alianzaeditorial.es

ISBN: 978-84-1148-719-1
Depósito legal: M. 8.283-2024
Printed in Spain

Índice

Índice

Introducción

Las *Fábulas* de Higino y la *Biblioteca* de Apolodoro constituyen los más importantes y más completos manuales de mitología clásica que nos ha legado la Antigüedad. Ambas obras se complementan, porque su reducida extensión les impide abarcar el conjunto de la mitología griega, tan hermosa como fecunda y compleja. De hecho, aunque la obra de Apolodoro se considera más metódica, el texto de Higino aporta un sinfín de datos procedentes de obras perdidas, ignorados por el resto de las fuentes. Y, precisamente, acerca de las *Fábulas* dice Ruiz de Elvira[1]: «Pues bien, de esta obra de Higino, que es tan capital en la mitografía, de esta fuente purísima para el conocimiento de los mitos, no se conserva manuscrito alguno [...], siendo una de las cuatro únicas obras, de toda la literatura grecolatina de la Antigüedad, de las que no hay manuscritos».

1. Ruiz de Elvira, 1988, 26-28.

1. El autor y su obra

El tratado que aquí llamamos *Fábulas mitológicas* de Higino plantea problemas de autoría y también de título. La cuestión se remonta a la edición príncipe, realizada por Jacobus Micyllus[2] en Basilea en 1535. Este filólogo llevó a la imprenta un códice que hasta entonces se había conservado en la Biblioteca del Monasterio de Freising y lo editó con el siguiente título: *Libro de Fábulas de Cayo Julio Higino, liberto de Augusto.* Lamentablemente, el manuscrito, el único ejemplar conservado, se perdió una vez impreso –hoy sabemos que fue desgarrado y reutilizado para tareas menos nobles–. Así pues, ignoramos si Micyllus copió tal cual el título del códice o si fue un añadido suyo al editarlo[3].

Con el nombre de Higino conocemos tres autores distintos.

En primer lugar, el mentado liberto de Augusto: originario de Hispania o de Alejandría y llevado como esclavo a Roma por Julio César, fue discípulo de Alejandro Polihístor y entabló amistad con Ovidio y con el ex cónsul Clodio Licinio. Estuvo a cargo de la Biblioteca Palatina y se convirtió en un importante erudito[4], como atestiguan los títulos de sus obras perdidas: *Sobre las familias troyanas*, *Ejemplos*, *Sobre las abejas*, *Sobre la agricultura*, *Sobre las propiedades de los dioses*, *Sobre los dioses Penates*, *Ciudades itálicas*, *Vida y hechos de hombres ilustres*. Muchos de estos títulos reflejan el interés de este polígrafo por los temas mitológi-

2. Apodo latino de Jacob Molsheim o Möltzer (1503, Estrasburgo-1558, Heidelberg).

3. En la introducción al libro da a entender que en el manuscrito sólo figuraba «Higino».

4. Suetonio, *Sobre los hombres ilustres* 20.

cos, pero precisamente su innegable erudición estaría, según Robert o Rose, en contradicción con el estilo de las *Fábulas*, muy tosco, por lo general, y con algunos errores[5] y contradicciones[6].

Conocemos otro Higino, de época de Trajano, llamado «Gromático», a quien se atribuye el tratado *De castrorum fortificatione,* sobre la construcción de campamentos.

Por último, habría que mencionar al mitógrafo, autor de las *Fábulas*. Sin embargo, tampoco estamos seguros de cuál era el auténtico título del manual, puesto que en la *Astronomía,* un tratado sobre leyendas estelares, atribuido también a este Higino[7], al nombrar a las Gorgonas, habría citado un pasaje de sus *Fábulas*, pero con otro nombre: «Sobre este tema ya hablamos en el libro primero de las *Genealogías* (*Astr.* II 12, 2)». Se plantea, pues, un nuevo problema: en ninguna de las fábulas conservadas se relata el episodio mitológico apuntado y, además, la obra no está dividida en libros. Quizá, habría que pensar que el códice encontrado en Freising presentaba un texto muy alejado de su forma primigenia, alterado por interpoladores y abreviado por copistas y compiladores. Así, se justificarían muchos de los errores y de las contradicciones que comentábamos antes.

Al hablar de fábula, lo primero que nos viene a la mente es una breve composición literaria, en verso o prosa, con personajes alegóricos, casi siempre animales, y con intención

5. De carácter geográfico o por la interpretación de epítetos como nombres propios, entre otros.
6. Según otros, como Carcopino o Le Boeuffle, dichas negligencias habría que achacarlas más bien a sus fuentes o las interpolaciones y refundiciones sufridas por el texto.
7. Paralelismos formales y de contenido apuntan a un mismo autor.

didáctico-moralizante. Pero el término es polisémico y también se emplea con un sentido diferente: en el caso de Higino el término equivale a «relato mitológico», y así lo emplea Luis de Góngora en su poema narrativo titulado *Fábula de Polifemo y Galatea*.

Con semejantes incertidumbres, es lógico que tampoco haya acuerdo sobre la fecha de composición de la obra. Pero, en este asunto, al menos contamos con un dato sobre el que existe una cierta unanimidad entre la crítica: la composición de la obra tuvo que producirse antes del 207 d. C. Ese año, siendo cónsules Lucio Annio Máximo y Luci3o Septimio Severo Apro, se publicó un vocabulario[8] grecolatino que incluye una traducción bastante libre de algunos pasajes de la «*Genealogía* (*sic*) de Higino, conocida por todos». En efecto, el contenido de tales pasajes coincide con el de algunas *Fábulas*. Por otro lado, Rose cree que su composición sería posterior al 50 d. C., pues Higino parece haber consultado los escolios a las *Argonáuticas* de Apolonio de Rodas, elaborados por entonces.

Aunque el texto editado por Mycillus desapareció y sus lecturas son las únicas de las que disponemos para la mayor parte de las *Fábulas*, por fortuna, bastantes años después aparecieron algunos fragmentos. A finales del siglo XIX se publicaron cinco folios del manuscrito original, hallados en Ratisbona en 1864 en la cubierta de un libro[9]. Más recientemente, en 1942, B. Bischoff descubrió, en la Biblioteca Arzobispal de Múnich, dos bifolios con otros valiosísimos

8. Atribuido erróneamente al gramático Dositeo e incluido en el *Corpus Glossariorum Latinorum* III 56, 30-69, 38. Ed. G. Goetz. Lipsiae, 1892. Cf. Flammini, 2004.

9. Llamado *Codex Latinus Monacensis 6437*, se conserva en la Biblioteca Pública de Múnich.

fragmentos que han permitido leer correctamente algunos pasajes[10].

Gracias a los fragmentos, sabemos que el códice fue escrito hacia el año 900 en el sur de Italia (tal vez Capua), en «letra beneventana». Su lectura es tan ardua, que resultan comprensibles las dificultades a las que se enfrentó Micyllus; pero también nos dan una idea aproximada de cuánto ha degenerado su edición impresa del texto original. Podemos citar un par de ejemplos. En la *Fáb.* 2.4 sobre la locura de Atamante, mientras que el resto de editores adoptan *Iove* ('por Júpiter'), una lectura errónea de Micyllus, Marshall, en cambio, lee *Iunone* ('por Juno'), pues así figura en uno de los fragmentos y es la que coincide, además, con la tradición mitográfica. Igualmente, en la *Fáb.* 181.2 sobre el trágico destino de Acteón a manos de Diana, un fragmento ofrece la lectura *habitus eius in cervum ab ea conversus est* ('cambió su aspecto por el de un ciervo') y así lo recoge Marshall, frente al resto de editores, que leen *in cervam ab ea est conversus* ('lo transformó en cierva').

Finalmente, además de los fragmentos de Múnich, poseemos un palimpsesto del siglo V d. C., descubierto a principios del siglo XIX en la Biblioteca Vaticana: 34 líneas escritas en letra uncial con pasajes de las fábulas 68-71[11].

El texto, tal como nos ha llegado, consta de un prólogo y 277 fábulas, de las que faltarían, según la tabla de contenidos, unas 33 –de dos de ellas tenemos el título, pero no el texto (*Fáb.* 222 y 270)–. Resulta evidente que el libro es una

10. Cf. Lehmann, 1944, 37 ss.
11. En el texto estos pasajes aparecen recogidos como *Otra versión* y corresponden a las *Fáb.* 68B, 69A-71A (la 68A figura ya, al final de la *Fáb.* 71, en la *editio princeps*).

compilación de una obra mucho más completa. Con el tiempo, la estructura original se habría ido desvirtuando por medio de remodelaciones e interpolaciones, hasta alcanzar la forma que presentaba el manuscrito de Micyllus. El volumen habría comprendido tres partes (o «libros») bien reconocibles: un prólogo con genealogías al estilo de Hesíodo; las narraciones o relatos mitológicos propiamente dichos (*Fáb.* 1-220); y las listas o catálogos (*Fáb.* 221-277) sobre cuestiones de todo tipo, en los que se mencionan personajes que debieron aparecer en algunas de las piezas perdidas: por ejemplo, la famosa historia de Narciso (271.2); o el incesto de Cánace y Macareo, hijos de Eolo (238.3). Sin embargo, hallamos también numerosas listas entre los relatos (*Fáb.* 11, 70, 112, etc.), y, a su vez, partes narrativas entre las listas, lo que confirma la reelaboración del texto.

Las *Fábulas* integran una extensa colección de mitos griegos con frecuentes alusiones a personajes romanos. Su extensión, forma y contenido varían mucho, pero su orden, pese a las alteraciones, gravita en torno a las principales sagas mitológicas, entre las que se insertan relatos menores: (1-11) estirpe real de Tebas; (12-27) ciclo de los Argonautas; (29-36) Hércules; (37-48) Teseo; (49-51) Admeto; (52-55) amores de Júpiter; (63-64) Perseo; (66-76) ciclo tebano, de Layo a Edipo; (77-81) Tindáridas; (82-88) Atridas; (89-127) ciclo troyano; (129-134) Baco; (138-154) Cosmogonía; (164-166) Minerva; (168-170) Danaides; (171-175) jabalí de Calidón; (176-179) amores mortales de Júpiter; (180-184) descendientes de Cadmo; (186-188) amores de Neptuno; (191-203) metamorfosis y catasterismos; (209) Arquelao; etc. Y, dentro de cada ciclo, los personajes suelen relacionarse unos con otros por parentesco, por lo que en muchas fábulas se suceden los relatos de padres e hijos. Por su parte, los catálogos, presentes a lo largo de toda la obra, ponen de manifiesto su carácter didáctico, es decir, se trata de un manual de consulta que recopila trabajos especializados en diferentes aspectos de la mitología griega: teogonías, etiologías, catasterismos, transformaciones, historias amorosas, etc.

A pesar de que no ha sobrevivido ninguna fuente griega directa identificable, el autor cita algunos autores: Eurípides, Hesíodo, Eumelo, Ferecides y Apolonio. Además, aparte de algunos paralelos con la *Biblioteca* de Apolodoro, es obvio que las fábulas sobre la Guerra de Troya siguen, en líneas generales, a Homero; y muchas otras parecen sinopsis de tragedias griegas perdidas. Además, la dependencia de fuentes griegas puede palparse a partir de los helenismos que afloran a lo largo de la obra: unas veces los introduce sin más –*celeuma,* 'compás' (14.32), *atrotos,* 'invulnerable' (28.3)–; y otras, los traduce al latín –un *sybotes*, esto es, 'un porquerizo' (126.1).

En relación con las fuentes latinas, Higino cita diez líneas de la traducción de la *Aratea* de Cicerón sobre la nave Argo (14.33) y cuatro versos de un poeta desconocido sobre la transformación de Calisto (177.2). Además, en otras fábulas, recoge datos procedentes de Virgilio y de Ovidio.

Numerosos aspectos revelan una clara intención de «latinizar» el libro: explicaciones etimológicas (por ejemplo, el significado de la palabra «hecatombe» o de algunos nombres propios, como el de Anfión, Príamo o Edipo); traducciones al latín («Leucótea, llamada por nosotros *Mater Matuta*»); identificación de personajes griegos con sus equivalentes romanos –los Curetes equiparados a los Lares (139)–; y la incorporación de leyendas romanas –Lucrecia, Ítalo, Tulia–.

Tal afán induce al autor a ubicar algunos acontecimientos en el marco geográfico romano –Ulises desembarca en Enaria, isla de la *Eneida,* Deucalión y Pirra no huyen del diluvio al Parnaso, sino al Etna–, o a mencionar típicas costumbres romanas (como las acrobacias de los afamados *desultores* en los *ludi circenses*: *Fáb*. 80.4).

De las variantes míticas que nos ofrece Higino (Filomela, Medo, Sísifo), muchas podrían remontarse hasta los poetas trágicos griegos. Ignoramos si nuestro autor consultó directamente las obras originales o si recogió los datos a partir de las colecciones de argumentos (*hypothéseis*); pero lo más probable es que tuviera conocimiento de una buena parte de esas versiones a través de las adaptaciones llevadas a cabo por los tragediógrafos romanos. Sin intención de ser exhaustivos, podemos citar algunos títulos concretos: de Esquilo, el *Juicio de las armas* (y la pieza homónima de Ennio); de Sófocles, *Aletes* (también la tragedia de Pacuvio), *Crises;* y de Eurípides, *Álope, Antígona, Antíope* (otra homónima de Pacuvio)*, Arquelao, Cresfontes, Filoctetes, Melanipe, la Sabia, Melanipe encadenada*. Desde luego, es irrefutable que algunas fábulas resumen el contenido de determinadas tragedias: no cabe duda en *Ifigenia Táurica* o en aquellas piezas cuyo título dice expresamente «de Eurípides» –*Ino* (4) y *Antíope* (8)–. En otros casos, existen aspectos que sugieren el influjo de una versión dramática: así, el personaje de la nodriza de Temisto (1) y Álope (187); las escenas de mensajero en Crises y Aletes (121 y 122); de falsa identidad y reconocimiento en Antígona (72) y Teónoe (190); y también de venganza en Medo (27) y Aletes (122).

Con frecuencia, Higino es nuestra única fuente mitográfica sobre algunos personajes –Niso, el ayo de Líber (167 y

179), Teónoe (190), Cura (220), Yasión (250)–; o sobre determinadas versiones –Yole (35), Sísifo (60), muerte de Aquiles (107)–. A veces, aporta diversas variantes acerca de un mismo mito –Licurgo se suicidó (242.2), quiso forzar a su madre (132.1), mató a su mujer y a su hijo (131.2)–; o incluye detalles menores sobre todo tipo de cuestiones –los caballos de Laomedonte podían surcar las aguas (89.3); el tizón de Hécuba estaba repleto de serpientes (91); el toro de Paris (91), etc.–; e incluso puede llegar a combinar diferentes tradiciones en un mismo relato, como por ejemplo, en el mito de Casandra (93).

Al margen de la supuesta popularidad de las *Fábulas* (o *Genealogías)* hacia finales del siglo II d. C., época en que fueron traducidas al griego, Higino fue un mitógrafo bastante desconocido hasta su redescubrimiento por Micyllus. Con todo, podemos hallar vestigios de sus *Fábulas* en los comentarios a las obras de Estacio, atribuidos a Lactancio Plácido (siglo V d. C.); en los *Escolios a las Etimologías de San Isidoro* (hacia el siglo XI); y en los *Escolios a la Aratea de Germánico* (de época incierta). Además, un profesor de Orleans del siglo XII, llamado Arnulfo Rufo, habría empleado el trabajo de Higino para sus comentarios a las *Metamorfosis* de Ovidio[12].

Aunque el texto de las *Fábulas* debe emplearse con cautela, Higino constituye una fuente mitográfica imprescindible en la actualidad. El poeta romántico alemán Friedrich von Schiller se inspiró en el episodio de Mero y Selinuntio, narrado en el catálogo sobre *Los amigos más leales entre sí* (257.3-8) para su balada *Die Bürgschaft* ('La fianza'), publi-

12. Holzworth, 1943, 126-131.

cada en *Musenalmanach,* en 1799. Sobre ese poema Franz Schubert compuso un extenso *Lied* y, años más tarde, intentó hacer una ópera que nunca llegó a terminar.

2. Ediciones y traducciones

La edición más antigua de las *Fábulas* –como vimos antes– es la que Jacobus Micyllus hizo en Basilea en el 1535: el volumen incluía también la *Astronomía* de Higino ilustrada, las *Historias increíbles* de Palefato, la *Mitología* de Fulgencio, los *Fenómenos* de Arato, con la traducción latina de Germánico, y la *Esfera* de Proclo. Tuvo tanto éxito que fue reeditado de nuevo en 1549 (con correcciones y anotaciones de Micyllus al margen), 1570, 1578; y 1609 (Lyon).

Después, hasta el siglo XIX, fueron apareciendo otras ediciones: la de Hieronymus Commelinus, acabada por su tío Juda Bonutius (Heidelberg, 1599); la de Iohannes Scheffer (Hamburgo, 1674) y la de Thomas Muncker (Ámsterdam, 1681), corregidas y anotadas; Augustinus van Staveren (Leiden, 1742); Bernhard Bunte (Leipzig, 1856); Maurice Schmidt (Jena, 1872).

En 1933, Herbert I. Rose publicó en Leiden las *Fábulas* (reeditadas por Kenneth J. Dover en 1967).

En 1993, P. K. Marshall sacó a la luz en Múnich el libro de las *Fábulas* de Higino (en 2002 apareció una reedición corregida por K. G. Saur, tras el fallecimiento de Marshall). Finalmente, habría que añadir la versión bilingüe de Jean-Yves Boriaud (París, 1997).

3. Nuestra traducción

Seguimos el texto de Marshall, el único que emplea de manera sistemática los fragmentos manuscritos que aparecieron tras la publicación de la *editio princeps*, así como los trabajos de los escoliastas. En los pocos pasajes en los que nos separamos de su edición, hacemos constar en nota la corrección o la conjetura adoptada del aparato crítico.

Hemos intentado reflejar lo más literalmente posible el estilo original, pero en ocasiones hemos hecho pequeños cambios, para evitar anfibologías, o hemos eliminado algunas pesadas reiteraciones, intentando siempre que el texto de Higino fluya con naturalidad.

Nuestra edición intenta llegar a un público amplio, por lo que incorporamos numerosas notas aclaratorias y, además, citamos las fuentes no fragmentarias más importantes, que pueden resultar útiles para los estudiosos de la mitología clásica.

Las palabras corruptas (nombres propios, sobre todo) aparecen marcadas con un asterisco (*). Las interpolaciones al texto de Higino se señalan entre corchetes [ ]. Cuando en el texto hay una laguna se indica por medio de puntos suspensivos entre paréntesis angulares < >, que también se emplean para indicar las adiciones al texto de Micyllus.

En cuanto a la trascripción de la multitud de nombres propios mencionados por Higino, nos hemos ajustado a las normas que expuso Manuel Fernández Galiano en su libro *La transcripción castellana de los nombres propios griegos*, publicado en 1969 en Madrid. Sin embargo, en algún caso concreto, hemos preferido la opinión de Ruiz de Elvira[13].

13. *Op. cit.*

4. Otras traducciones

En castellano:

Santiago Rubio Fernaz, *Higino: Fábulas.* Madrid. Ediciones Clásicas, 1997 (que sigue la edición de Rose).
Guadalupe Morcillo Expósito, *Cayo Julio Higino: Fábulas.* Madrid. Akal, 1998 (sobre el texto de J.-Y. Boriaud).
Javier del Hoyo & José Miguel García Ruiz, *Fábulas.* Madrid. Gredos, 2009.

En catalán:

Antònia Soler i Nicolau, *Higí: Faules.* Barcelona. Fundación Bernat Metge, 2011, 2 vols.

En francés:

La edición bilingüe de Jean-Yves Boriaud, *Hygin, Fables*. Les Belles Lettres (col. Budé). París, 1997.

En inglés:

Mary Grant, *The Myths of Hyginus*. Lawrence, Kansas, 1960 (incluye la *Astronomía* y se basa en Rose).
R. S. Smith y S. M. Trzaskoma, *Apollodorus' library and Hyginus' Fabulae. Two Handbooks of Greek Mythology*. Indianapolis, Hackett, 2007 (a partir de la segunda edición de Marshall).

En italiano:

Giulio Guidorizzi, *Igino. Miti.* Adelphi Edizioni. Milán, 2000 (sobre la primera edición de Marshall).

En alemán:

Franz Peter Waiblinger, *Hyginus: Fabulae. Sagen der Antike*. Munich, 1996 (una selección de fábulas con texto bilingüe).

Bibliografía

Adrados, F. R.: *Historia de la fábula greco-latina*. Madrid, 1979.

Breen, A. B.: *The Fabulae Hygini reappraised: a reconsideration of the content and compilation of the work.* Tesis. Urbana, Illinois, 1991.

Bursian, C.: «Emmendationes Hyginianae». *Index scholarum aestivarum publice et privatim in Universitate litterarum Ienensi.* Jena, 1874.

Cameron, A.: *Greek Mythography in the Roman World.* Oxford, 2004.

Carcopino, J.: *Rencontres de l'histoire et de la littérature romaines*. París, 1963.

Clayton, P., y Price, M. (ed.): *The Seven Wonders of the Ancient World.* Nueva York, 1989.

Courtney, E.: *The Fragmentary Latin Poets*. Oxford, 1993.

Del Hoyo, J. M.: «Contradicciones internas en las *Fabulae* de Higino», *Actas del XII Congreso Español de Estudios Clásicos,* Valencia (22-27 octubre 2007).

Del Hoyo, J. M. y García Ruiz, J. M.: «Peculiaridades lingüísticas de las Fabulae de Higino», *Revista de Estudios Latinos* 7, 2007, 39-52.

Desmedt, C.: «Fabulae Hygini», *Revue Belge de Philologie et d'Histoire* 48, 1970, 26-35.

–, «Fabulae Hygini: VII. Eadem Euripides quam scribit Ennius», *Revue Belge de Philologie et d'histoire* 50, 1972, 70-77.

Dognini, C.: «Médée et les serpents», *Gerión* 21, 2003, 93-98.

Falcón, C., Fernández-Galiano, E., y López Melero, R.: *Diccionario de Mitología Clásica*. Madrid, Alianza, 1983, 2 vols.

Felton, D., y Miller, J. D.: «Truth-Inducement in Greek Myth», *Syllecta Classica* 13, 2002, 104-125.

Flammini, G.: *Hermeneumata Pseudodositheana Leidensia*. Teubner, 2004.

Fletcher, K. F.: *Ovid, Mythography and the Translation of Myth*. Tesis, Michigan, 2005.

Fohlen, J.: «Recherches sur le Manuscrit Palimpseste Vatican, Pal. Lat. 24», *Scrittura e Civiltà* 3, 1979, 195-222.

García Romero, F.: *Los juegos Olímpicos y el deporte en Grecia*. Sabadell, 1992.

Glare, P. G. W. (ed.): *Oxford Latin Dictionary*. Oxford, 2002.

Griffin, A. H. F.: «Hyginus, *Fabula* 89 (Laomedon)», *Classical Quaterly* 36, 1986, 541.

Grilli, A.: «I cani d'Atteone: Igino e il P. Med. Inv. 123, la Tradizione poetica», *La Parola del Passato* 26, 1971, 354-367.

–, «La vicenda di Oreste e Ifigenia in Igino (*Fab.* 120-121)», *Rivista di Filologia e di Istruzione Classica* 103, 1975, 154-156.

Grimal, P.: *Diccionario de Mitología griega y romana*. Paidós, Barcelona, 1981.

Halm, C.: «Ueber aufgefundene Fragmente aus der Freisinger Handschrift der *Fabulae* des Hyginus», *Sitzungsberichte der philos.-philol. Cl. der König. bayer. Akademie der Wissenschaften zu München*, 1870, 1, 317-326.

Hani, J.: «La fête athéniènne de l'Aiora et le symbolisme de la balançoire», *REG* 91, 1978, 107-12.

Holzworth, J.: «Light from a medieval Commentary on the text of the *Fabulae* and *Astronomica* of Hyginus», *Classical Philology* 38, 1943, 126-131.

Hornblower, S., y Spawforth, A.: *The Oxford Classical Dictionary*. Nueva York-Oxford, 1999.

Huys, M.: «Euripides and the 'Tales from the Eurípides': Sources of the Fabulae of Ps-Hyginus?», *APF* 42, 1996, 168-178.

Kannicht, R.: *Tragicorum Graecorum Fragmenta. Euripides*. Gotinga, 2004, vol. 5.

Kellog, G.: «New Readings from the Freising Fragment of the *Fables* of Hyginus», *American Journal of Philology* 20, 1899, 406-411.

Lasso De la Vega, J.: «Cayo Julio Higino, primer bibliotecario español», *Revista de Archivos, Bibliotecas y Museos* 77, 1, 1974, 435-447.

Le Boeuffle, A.: «Recherches sur Hygin», *Revue des études Latines*, 1965, 275-294.

Lee, G. M.: «Latinism and Graecism», *Latomus* 24, 1965, 954.

Lehmann, P.: «Fragmente», *Abhandlungen der Bayerischen Akademie der Wissenschaften* 23, 1944, 37-47.

Liénard, E.: «Pro Hygini Argonautarum Catalogo», *Latomus* 2, 1938, 240-255.

Luppe, W.: «Euripides-Hypotheseis in den Hygin-Fabeln 'Antiope' und 'Ino'?», *Philologus* 128, 1984, 41-59.

Marrou, H. I.: *Histoire de l'education dans l'antiquité*. París, 1957.

Martínez Díez, A.: *Las Fábulas de Higino y las tragedias de Eurípides*. Granada, 1975.

Mascoli, P.: «Igino bibliotecario e gli Pseudo-Igini», *Invigilata Lucernis* 24, 2002, 119-125.

Masiá, A.: «Fábulas 109 y 123 de Higino: variantes respecto a la tradición clásica», *Epos* 12, 1996, 31-52.

Montero, E.: *El latín erótico*. Universidad de Sevilla, 1991.

Morcillo, G.: «Caius Iulius Hyginus, mitógrafo», *Anuario de Estudios Filológicos* 26, 2003, 267-277.

Niebuhr, B. G. M.: *Tulii Ciceronis Orationum pro M. Fonteio et pro C. Rabirio Fragmenta... ex membranis Bibliothecae Vaticanae edita*, Roma, 1820.

Olalla, P.: *Atlas mitológico de Grecia*. Atenas, 2001.

Perutelli, A.: «Tanti voci per Arione», *MD* 51, 2003, 9-63.

Pociña, A.: «Algunas reflexiones sobre la tragedia *Medus* de Pacuvio», *Paideia* 59, 2004, 451-466.

Reeve, M. D.: «A survey of the Latin Classics», en *Texts and Transmission*. Ed. L. D. Reynolds y N. G. Wilson, Oxford, 1983, 189-190.

Robert, C.: «Der Argonautenkatalog in Hyginus Fabelbuch», *Nachrichten von der Gesellshaft der wissenschaft in Göttingen*, 1919, 469-500.

–, «Ein Griechischer Pentameter bei Hygin», *Hermes* 52, 1917, 469-500.

Robertson, N.: «Athens' Festival of the New Wine», *HSCP* 95, 1993, 197-250.

Rose, H. J.: «Second thoughts on Hyginus», *Mnemosyne* 11, 1958, 42-48.

Roscher, W. H. (ed.): *Ausführliches Lexicon der Griechischen und Römischen Mythologie*. Fortgesetzt und abgeschlossen von K. Ziegler. Leipzig, 1884-1937.

Ruiz de Elvira, A.: *Mitología clásica*. Gredos, Madrid, 1988.
Schwartz, J.: *Pseudo-Hesiodea*. Leiden, 1960.
–, «Une Source Papyrologique d'Hygin le Mythographe» *Studi in onore di A. Calderini e R. Paribeni*. Milán, 1956-57, vol. II, 151-156.
Stegen, G.: «Hygin, *Fabulae* 40.1», *Latomus* 31, 1972, 1103.
Troso, C.: «Ottaviano e Oreste tra vendetta e purificazione: "le migrazioni" di un mito», *Numismatica e Antichità classiche 35*, 2006, 317-335.
Trzaskoma, M.: «Some observations on the text of Hyginus' Catalogue of Argonauts (*Fab.* 14)», *Classical Quaterly* 58, 2008, 256-263.
Urbán, A.: «Higino: balance crítico sobre un mitógrafo traducido, desaparecido y reencontrado», *Alfinge* 15, 2003, 139-164.
–, «Tres observaciones filológicas a Higino mitógrafo (*Fáb.* 31, 121 y 152)», *Exemplaria Classica* 8, 2004, 103-121.
Warmington, E. H.: *Remains of Old Latin*. Londres, 1967.

Fábulas mitológicas

Prólogo

De la Oscuridad, el Caos. Del Caos y de la Oscuridad, la 1
Noche, el Día, Érebo y Éter[1]. De la Noche y de Érebo, el Destino, la Vejez, la Muerte, la Destrucción, la Continencia, el Sueño, los Sueños, <el Amor>, es decir: *Lisímeles, Epifrón, Hedímeles*[2]; Porfirión[3], Épafo, la Discordia, la Desdicha, la Insolencia, Némesis[4], Eufrósine[5], la Amistad, el Odio; las tres Parcas, a saber, Cloto, Láquesis y Átropo; las Hespérides, Egle, Hesperia y Érica[6].

1. Érebo personifica las tinieblas infernales, y Éter el cielo superior, donde la luz es más pura.
2. <Amor> es un suplemento de Rose. Aunque *Lisímeles* (λυσιμελής, *lysimelēs,* 'que afloja los miembros') aparece en Homero, *Odisea* XX, 57; XXIII, 343, como epíteto del sueño, en Hesíodo, *Teogonía* 121, se aplica al amor. El epíteto *Epifrón* significa 'sensato' y *Hedímeles,* 'el de dulces miembros'. Asumimos la interpretación apuntada por Del Hoyo y García (2007, 47-48): Higino habría malinterpretado el pasaje de Hesíodo (*Teogonía* 121) donde no dice que Eros sea 'sensato', sino todo lo contrario.
3. Porfirión es uno de los Gigantes mencionados por Apolodoro (cf. infra).
4. Diosa de la venganza.
5. Una de las tres Gracias en Hesíodo, *Teogonía* 909.
6. Apolodoro, *Biblioteca* II, 5, 11, menciona a Egle, Eritía, Hesperia y Aretusa.

2 De Éter y de Día, la Tierra, el Cielo y el Mar.

3 De Éter y de la Tierra, el Dolor, el Engaño, la Ira, la Pena, la Falsedad, el Juramento, la Venganza, el Desenfreno, la Disputa, el Olvido, la Pereza, el Temor, la Soberbia, el Incesto, la Lucha, Océano[7], Temis[8], Tártaro[9], Ponto[10]; y los Titanes[11]: Briareo, Giges, Estéropes, Atlas, Hiperión y Polo, Saturno, Ops, Moneta, Dione; las tres Furias[12], a saber, Alecto, Megera y Tisífone.

4 De la Tierra y de Tártaro, los Gigantes[13]: Encélado, Ceo, Elentesmofio*, Astreo, Peloro, Palante, Énfito, Reco, Yenio*, Agrio, Alemone*, Efialtes, Éurito, Efracoridón*, Teomises, Teodamante, Oto, Tifón, Polibotes, Menéfiaro, Abseo, Colofomo y Jápeto.

5 De Ponto y del Mar, las especies de peces.

7. Un Titán.
8. Una Titánide en Hesíodo, *Teog.* 135.
9. La región más profunda del mundo, donde los dioses encerraban a sus enemigos.
10. Personificación del mar como camino.
11. Hiperión y Saturno-Crono son los únicos nombres que coinciden con la lista de Hesíodo, *Teog.* 132 ss. Briareo y Giges eran Gigantes de cien brazos llamados Hecatonquiros; Estéropes ('Relámpago') era uno de los tres Cíclopes; y Atlas era hijo del Titán Jápeto. Ops era una divinidad agraria de origen sabino, personificaba la Abundancia y se identificaba con Rea *(vid.* infra). Con el sobrenombre de Moneta ('Avisadora') los romanos aludían a Juno, por haberles avisado de la invasión de los galos por medio de las ocas de su templo, que servía de ceca.
12. Divinidades infernales que se identificaron con las Erinis: cf. Cicerón, *Sobre la naturaleza de los dioses* III 18, 46.
13. Hesíodo, *Teog.* 183 ss., relata que Gea engendró a los Gigantes a partir de la sangre de Urano, al ser mutilado por Crono. Apolodoro, *Biblioteca* I 6, 1, nombra a los siguientes: Porfirión, Alcioneo, Efialtes, Éurito, Clitio, Mimante, Encélado, Palante, Polibotes, Hipólito, Gratión, Agrio y Toante. Higino incluye otros en este pasaje plagado de lecturas corruptas: al margen de que haya recogido otras tradiciones, algunos, como Ceo, Astreo y Jápeto, pertenecían a la estirpe de los Titanes (véase arriba); y Tifón era un ser monstruoso de otra raza.

<Del Océano y de Tetis>, las Oceánides[14]: Hestiea, Méli- 6
te[15], Yante, Admete, Estilbo, Pasífae, Polixo[16], Eurínome,
Evagoreide, Ródope, Liris*, Clitia, Tesquineno*, Clitemnes-
te, Metis, Menipe, Argía. De la misma simiente los Ríos: Es-
trimón, Nilo, Éufrates, Tanais, Indo, Cefiso, Ismeno, Áxeno[17],
Aqueloo, Simunte, Ínaco, Alfeo, Termodonte, Escamandro,
Tigris, Meandro, Orontes.

De Ponto y de la Tierra, Taumante, Ceto, Nereo, Forco. 7

De Nereo y de Dóride, las cincuenta Nereidas[18]: Glauce, 8
Talía, Cimódoce, Nesea, Espío, Toe, Cimótoe, Actea, Limnoria, Mélite, Yera, Anfítoe, Ágave, Doto, Proto, Ferusa, Dinámene, Dexámene, Anfínome, Calianasa, Dóride, Pánope, Galatea, Nemertes, Apseudes, Clímene, Yanira, Panopea, Yanasa, Mera, Oritía, Amatía, Drimo, Janto, Ligea, Filódoce, Cidipe, Licorias, Clío, Béroe, Éfira, Opis, Asia[19], Deyopea, Aretusa, [Clímene], Creneide, Eurídice, Leucótoe.

De Forco y de Ceto, las Fórcides: Penfredo, Enío y Persis 9
(en lugar de esta última otros incluyen a Dino). De Gorgón y de Ceto, Esteno, Euríale y Medusa[20].

14. Hesíodo, *Teog.* 364, dice que eran tres mil y menciona cuarenta y una. Cf. Apolodoro, *Biblioteca*, I, 2, 2.
15. Más abajo la incluye entre las Nereidas.
16. En la *Fábula* 192 Higino menciona a una Polixo entre las Híades.
17. Ignoramos a qué río se alude. Rose cree que podría ser una confusión con el Ponto Euxino.
18. Cf. Hesíodo, *Teog.* 243 ss. En realidad, Higino menciona sólo cuarenta y ocho, pues repite el nombre de Clímene. Además desdobla en dos a Panope y Panopea como si fueran dos personajes distintos. Su lista sigue la de Homero, *Ilíada* XVIII, 31 ss., que tiene treinta y tres nombres; y la de Virgilio, *Geórgicas* IV, 334-344, que incluye diecisiete.
19. En realidad, «Asia» era un epíteto de la siguiente, Deyopea.
20. Sorprende la mención del desconocido Gorgón (cf. también 39 y *Fáb.* 151, 1-2), pues las Gorgonas son hijas de Forcis y de Ceto en el resto de las fuentes: *vid.* Hesíodo, *Teog.* 270 ss.; Apolodoro, *Biblioteca* I 2, 6.

10 De Polo y de Febe, Latona, Asteria, Afirape, Perses, Palante.
11 De Jápeto y de Clímene, Atlas, Epimeteo, Prometeo.
12 De Hiperión y de Etra[21], el Sol, la Luna y la Aurora.
13 De Saturno y de Ops, Vesta, Ceres, Juno, Júpiter, Plutón y Neptuno.
14 De Saturno y de Fílira, Quirón y Dólope[22].
15 De Astreo y de la Aurora, Céfiro, Bóreas, Noto y Favonio[23].
16 De Atlas y de Pléyone, Maya, Calipso, Alcíone, Mérope, Electra, Celeno[24].
17 Del Gigante Palante[25] <y> de Éstige, Escila[26], la Fuerza, la Envidia, el Poder, la Victoria, las Fuentes, los Lagos.
18 De Neptuno y de Anfitrite, Tritón.
19 De Dione y de Júpiter, Venus.
20 De Júpiter y de Juno, Marte.
21 De la cabeza de Júpiter, Minerva.
22 De Juno sin padre, Vulcano.
23 De Júpiter y de Eurínome, las Gracias[27].
24 De Júpiter y de Juno otra vez, la Juventud y la Libertad.
25 De Júpiter y de Temis, las Horas[28].

21. En la tradición mitológica usual fue la Titánide Tía la que se unió a Hiperión.
22. Probablemente, Dólope era un epíteto de Quirón e Higino creó por error un nuevo personaje.
23. Favonio es el viento latino del oeste (= el griego Céfiro). Sobraría, pues, aquí. Por otro lado, faltaría el viento griego del este: el Euro.
24. Se trata de las Pléyades: sobraría Calipso y faltarían Estérope y Taígete (cf. *Fáb.* 192).
25. El Titán en Apolodoro, I, 2, 4.
26. Sin embargo, más abajo (*vid.* 39) dice que sus padres eran Tifón y Equidna. De hecho, los autores mencionan diferentes genealogías: en Apolodoro, *Epítome* VII 20, es hija de Crateide y de Trieno o de Forco.
27. Tres hermosas jóvenes asociadas a la belleza, el arte y las actividades del espíritu. Suelen confundirse con las Horas (*vid.* infra).
28. Tres hermosas doncellas que personificaban las Estaciones.

De Júpiter y de Ceres, Proserpina. 26

De Júpiter y Moneta, las Musas. 27

De Júpiter y de la Luna, Pandía[29]. 28

De Venus y de Marte, Harmonía y el Espanto. 29

De Aqueloo y de Melpómene, las Sirenas[30]: Telxiepía, Mol- 30
pe y Pisínoe.

De Júpiter y de Clímene, Mnemosine[31]. 31

De Júpiter y de Maya, Mercurio. 32

De Júpiter y de Latona, Apolo y Diana. 33

De la Tierra, la serpiente divina Pitón. 34

De Taumante y <de Electra>, Iris y las Harpías[32]: Celeno, 35
Ocípete y Podarce.

Del Sol y de Perse, Circe, Pasífae, Eetes y Perses. 36

De Eetes y de Clitia, Medea[33]. 37

Del Sol y de Clímene, Faetonte y las Faetóntides[34]: Méro- 38
pe, Helia, Eteria y Dioxipe.

De Tifón y de Equidna: Gorgón, Cerbero, el dragón que 39
vigilaba en la Cólquide la áurea piel del carnero; Escila, que tenía la parte superior de mujer y la inferior de perro, con la que acabó Hércules; Quimera, la Esfinge que hubo en Beocia; la Hidra, serpiente que tenía nueve cabezas, con la que acabó Hércules; y el dragón de las Hespérides.

29. No sabemos nada de esta diosa, mencionada ya en el *Himno homérico a Selene* 15.

30. Seres con cabeza y busto de mujer y cuerpo de pájaro. Aparecen por primera vez en Homero, *Odisea*, XII 1 ss., que sólo habla de dos.

31. Los demás mitógrafos nos dicen que era una Titánide, hija de Urano y Gea.

32. 'Raptoras', genios alados con cabeza de mujer y garras, se dedicaban a raptar niños y almas. Hesíodo, *Teog.* 265 ss., nombra sólo dos: Aelo y Ocípete (cf. Apolodoro, I 2, 6). Higino vuelve a mencionarlas en *Fáb.* 14, 18, pero allí dice que son hijas de Ozómene y cambia el nombre de Podarce por el de Aélopo (cf. Apolodoro, I 9, 22). Por otro lado, Homero, *Ilíada* XVI 150, menciona a Podarga.

33. La madre de Medea era Idía, como el propio Higino dice en *Fáb.* 25.

34. Más conocidas como Helíades.

40 De Neptuno y de Medusa, Crisaor y el caballo Pegaso.
41 De Crisaor y de Calírroe, el trimembre Gerión[35].

1. Temisto

1 Atamante, hijo de Eolo, tuvo de su esposa Nébula[36] un hijo y una hija, Frixo y Hele; de Temisto, hija de Hipseo, dos hijos, Esfincio y Orcómeno[37]; y de Ino, hija de Cadmo, dos hijos, Learco y Melicertes. Temisto, puesto que Ino le había quitado a su marido, quiso matar a sus hijos y, por eso, se ocultó bien en el palacio y, cuando encontró una oportunidad, aunque pensaba que había matado a los hijos de su rival, sin embargo mató, sin saberlo, a los propios, engañada por la nodriza, porque les había cambiado la ropa por descuido. Temisto, al conocer el asunto, se suicidó.

2. Ino

1 Ino, hija de Cadmo y de Harmonía, quería matar a Frixo y Hele, hijos de Nébula, y tramó un plan con las matronas de toda la región. Conspiró para que tostaran las semillas que les dieran en sementera, con el fin de que no germinaran; de modo que, cuando hubiese malas cosechas y escasez de comida, todo el pueblo muriera, unos por hambre, otros por enfermedad.

35. Gigante con tres cabezas, cuyo cuerpo era triple hasta la cadera.
36. Es decir, Néfele.
37. *Vid. Fáb.* 239, 2.

Por esta razón, Atamante envió a Delfos un emisario, al 2
que Ino ordenó que trajera una respuesta falsa: si Frixo era
sacrificado a Júpiter, cesaría la peste. Como Atamante no
quería hacerlo, Frixo prometió que él solo, libre y volunta-
riamente, liberaría al pueblo de la desgracia.

Así pues, cuando era conducido al altar con las ínfulas[38] 3
y su padre imploraba a Júpiter, el emisario se compadeció
del muchacho y desveló a Atamante el plan de Ino. Al te-
ner conocimiento del crimen, el rey entregó a Frixo, para
que los matara, a su mujer Ino y a su hijo Melicertes.

Cuando los conducía al suplicio, el padre Líber lo en- 4
volvió en una niebla e hizo desaparecer a Ino, su nodriza.
Después, Atamante, enloquecido por Juno, mató a su hijo
Learco. 5

Por su parte Ino se arrojó al mar con su hijo Melicertes.
Líber le dio el nombre de Leucótea, llamada por nosotros
Mater Matuta[39] y a Melicertes, dios Palemón, al que llama-
mos Portuno. En su honor se celebran también cada cuatro
años[40] los juegos gimnásticos llamados Ἴσθμια[41].

38. Bandas anchas de lana que adornaban la cabeza de los sacerdotes, las víctimas y los suplicantes.

39. 'Madre de la Mañana', cuyo templo estaba en el foro Boario junto al de Portuno, dios de los puertos. Era una divinidad que favorecía la fecundidad y fue identificada con Ino-Leucótea: cf. Ovidio, *Fastos* VI 545 ss.; Lactancio Plácido, *Comentarios a la Tebaida de Estacio* VII 421.

40. Se trata de un error, pues los juegos Ístmicos y Nemeos eran bianuales, es decir, tenían lugar durante el segundo y también durante el cuarto año del ciclo conocido como Olimpiada (cf. García Romero, p. 221 ss.). Tal vez han sido confundidos con los Píticos, que también se celebraban cada cuatro años, esto es, «cada quinto año», si se aplica un cómputo inclusivo.

41. *Ísthmia,* es decir los Juegos Ístmicos, organizados por Corinto desde su fundación por su tío Sísifo, hermano de Atamante y rey de la ciudad: cf. Pausanias, *Descripción de Grecia* I 44, 7.

3. Frixo

1 Frixo y Hele, enloquecidos por Líber, andaban errantes en un bosque. Se dice que su madre Nébula llegó allí con un carnero de oro, hijo de Neptuno y de Teófane[42]; ordenó a sus hijos que montaran en él, fueran a la Cólquide junto al rey Eetes, hijo del Sol, y sacrificaran el carnero allí en honor a Marte.

2 Así lo hicieron: se montaron a lomos del carnero y los llevó al mar. Hele cayó del carnero al mar que fue llamado Helesponto[43]. A Frixo, en cambio, lo llevó a la Cólquide. Allí sacrificó el carnero, como le había ordenado su madre, y depositó en el templo de Marte su piel de oro, que custodiaba un dragón y, según se dice, consiguió Jasón, hijo de Esón y de Alcímede[44].

3 Eetes acogió a Frixo de buen grado, le entregó como esposa a su hija Calcíope y ella le dio hijos. Pero Eetes tuvo miedo de que lo derrocaran, pues un oráculo había interpretado algunos portentos y le había predicho que se guardara de morir a manos de un forastero, descendiente de Eolo[45]. Así mató a Frixo[46].

4 Entonces sus hijos, Argos, Fróntide, Melas y Cilindro[47], se embarcaron en una balsa para reunirse con su abuelo Atamante: Jasón los rescató –pues habían naufragado– de la isla de Día, cuando buscaba la piel, y los llevó de nuevo

42. Cf. *Fáb*. 188.
43. Hoy día los Dardanelos.
44. Cf. *Fáb.* 13.
45. Algo que no se entiende muy bien, dado que Eetes era inmortal.
46. Este desenlace sólo lo transmite Higino.
47. Según Apolodoro, I 9, 1 y Apolonio de Rodas, *Argonáuticas* II 1155-1156: Fróntide, Argos, Melas y Ctisoro.

junto a su madre Calcíope, favor por el que fue recomendado a su hermana Medea.

4. Ino de Eurípides

Atamante, rey de Tesalia[48], como creía que su mujer Ino, de 1
quien <había engendrado> dos hijos, había muerto, tomó como esposa a Temisto, hija de una ninfa; y de ella engendró gemelos.

Después supo que Ino estaba en el Parnaso y que había 2
ido allí para celebrar una bacanal; la hizo volver y la ocultó.

Temisto supo que la habían encontrado, pero ignoraba 3
quién era. Decidió asesinar a los hijos de aquella, eligiendo como cómplice a la propia Ino, a quien tomó por una esclava; y le dijo que cubriera a sus hijos con mantas blancas y a los de Ino con negras.

Ino cubrió a los suyos con blancas y a los de Temisto con 4
negras. Entonces Temisto, engañada, asesinó a sus propios hijos y, cuando fue consciente de ello, se suicidó.

A su vez Atamante mató, en un arrebato de locura, a su pri- 5
mogénito Learco durante una cacería; e Ino se precipitó al mar con Melicertes, el hijo menor, y se transformó en diosa.

5. Atamante

Sémele se había acostado con Júpiter y por ello Juno se ene- 1
mistó con todo su linaje: Atamante, hijo de Eolo, en un arrebato de locura, mató con flechas a su hijo durante una cacería.

48. En realidad, era rey de Beocia, no de Tesalia.

6. Cadmo

1 Aniquilada su prole, Cadmo, hijo de Agénor y de Argíope, y su mujer Harmonía, hija de Venus y de Marte, fueron convertidos en serpientes en el territorio de Iliria[49]. Marte estaba enfurecido, porque Cadmo había matado a la serpiente protectora de la fuente Castalia[50].

7. Antíope

1 Antíope, hija de Nicteo, fue violada por Épafo[51] con un engaño, por este motivo su marido Lico[52] la desterró. Al quedar sin marido, Júpiter la poseyó.

2 Lico desposó a Dirce, la cual sospechaba que su esposo se acostaba en secreto con Antíope; por ello mandó a sus esclavos que la encerraran encadenada en un calabozo.

3 En el momento del parto, por voluntad de Júpiter, se libró de sus cadenas y escapó al monte Citerón. Apremiada, buscaba un lugar donde parir, pero el dolor la obligó a dar a luz allí mismo, en una encrucijada.

4 Unos pastores educaron a sus hijos como propios y llamaron a uno Zeto, ἀπὸ τοῦ ζητεῖν τόπον[53], y al otro Anfión,

49. Cf. Apolodoro, III 5, 4; Apolonio, *Argonáuticas* IV 516; Estrabón, *Geografía* I 2, 39; Pausanias, *Descripción de Grecia* IX 5, 3; Ovidio, *Metamorfosis* IV 563 ss.

50. Higino identifica por error la fuente de Ares (en Tebas) con la fuente Castalia (en la Fócide), consagrada a Apolo.

51. Épafo suele confundirse con Epopeo: cf. Lactancio Plácido, *Comentarios a la Tebaida de Estacio* IV 570; *Mitógrafos Vaticanos* I 96.

52. Lico era tío de Antíope: cf. Apolodoro, III 5, 5.

53. Ἀπὸ τοῦ ζητεῖν τόπον, 'de buscar un lugar'. El nombre de Zeto, como aclara Higino, proviene etimológicamente del verbo griego ζητεῖν (*zēteîn,* 'buscar').

ἐν διόδῳ ἢ ὅτι ἀμφὶ ὁδὸν ἔτεκε[54], es decir, porque lo parió en el camino.

5 Después reconocieron a su madre y dieron muerte a Dirce, a la que ataron a un toro salvaje. De su cuerpo brotó una fuente, llamada Dircea, en el monte Citerón, por obra de Líber, ya que había sido una bacante suya.

8. La misma de Eurípides que escribió Ennio[55]

1 Antíope fue hija de Nicteo, rey de Beocia. Júpiter, atraído por su encantadora belleza, la dejó encinta.

2 Como su padre quería castigarla por su deshonra y la amenazaba una y otra vez, Antíope huyó. Casualmente, en el lugar adonde había ido a parar, se encontraba el sicionio Épafo, que condujo a la mujer a su propia morada y se unió a ella en matrimonio.

3 Nicteo se lo tomó mal y, al morir[56], por medio de un juramento ordenó a su hermano Lico, a quien en aquel momento le estaba dejando el reino, que Antíope no quedara impune. Después de su muerte, Lico fue a Sición y, una vez asesinado Épafo, condujo a Antíope encadenada al Citerón.

54. *en diódōi ḕ hóti amphì hodòn éteke,* ‘porque lo parió en una encrucijada o a un lado del camino’: el nombre de Anfión proviene etimológicamente de ἀμφί *amphí,* ‘a un lado’.

55. Esta fábula contiene, en efecto, un resumen de la tragedia perdida de Eurípides con adiciones de una versión posterior. Pero la atribución a Ennio podría ser un error, pues sólo tenemos noticias de una *Antíope* de Pacuvio (cf. Warmington, 1967, vol. II, 158-171).

56. Según Apolodoro, III 5, 5, Nicteo se suicida; y en Pausanias, II 6, 1, Nicteo y su yerno resultan heridos en el combate que surge a raíz del rapto de Antíope.

Dio a luz gemelos y los abandonó. Un pastor los crió y los llamó Zeto y Anfión.

4 Antíope fue entregada a Dirce, esposa de Lico, para que la torturara, pero se escapó en cuanto tuvo ocasión, llegó hasta donde estaban sus hijos y Zeto, creyendo que era una fugitiva, no la acogió. Dirce se trasladó al mismo lugar con intención de celebrar una bacanal en honor de Líber y, al descubrir allí a Antíope, se la llevó para darle muerte.

5 Pero el pastor que los había criado les hizo saber que era su madre y los muchachos se apresuraron a liberarla y mataron a Dirce, amarrándola por sus cabellos a un toro.

6 Cuando se disponían a matar a Lico, Mercurio lo impidió y, a la vez, ordenó a Lico ceder el reino a Anfión[57].

9. Níobe

1 Anfión y Zeto, hijos de Júpiter y de Antíope, hija de Nicteo, cercaron Tebas con un muro hasta la tumba de Sémele[58] por orden de Apolo; enviaron al exilio a Layo, hijo del rey Lábdaco, y comenzaron a ocupar el trono.

2 Anfión contrajo matrimonio con Níobe, hija de Tántalo y de Dione, con la que engendró siete hijos y otras tantas hijas[59]. Níobe antepuso su parto al de Latona y habló con mucha soberbia contra Apolo y Diana: porque ésta se ceñía con ropa de varón y Apolo con la túnica hacia abajo y el ca-

57. La intervención de Mercurio sólo es mencionada por Higino.
58. Cf. Pausanias, IX 5, 6. Cf. *Fáb*. 69, 7.
59. Cf. Diodoro, IV 74, 3; Ovidio, *Metamorfosis* VI 147 ss. Pero el número varía, según los autores: en Homero los hijos eran doce; en Hesíodo veinte (cf. Apolodoro, III 5, 6).

bello largo[60]; y que ella misma aventajaba a Latona en número de hijos.

Por ello, Apolo mató con sus flechas a los hijos de aquella 3
cuando cazaban en el bosque; y Diana, con sus flechas, quitó la vida a las hijas en el palacio, a excepción de Cloris. Se dice que la madre, privada de sus hijos, se transformó en piedra en el monte Sípilo[61]: y dicen que todavía hoy fluyen sus lágrimas.

Anfión, por su parte, murió a flechazos por Apolo, cuan- 4
do pretendía asaltar su templo[62].

10. Cloris

Cloris, hija de Níobe y de Anfión, sobresalía entre las siete. 1
Con ella se desposó Neleo, hijo de Hipocoonte[63], y tuvo doce hijos varones.

Hércules, en su expedición contra Pilos, mató a Neleo y 2
a diez de sus hijos. Periclímeno, el undécimo, evitó la muerte al transformarse en un águila gracias a un don de su abuelo Neptuno[64].

El duodécimo, Néstor, se hallaba en Ilión y de él se dice 3
que vivió durante tres generaciones gracias a un don de Apo-

60. Ofensa transmitida sólo por Higino.
61. En Lidia.
62. Según Luciano, *Sobre la danza* 41, enloqueció.
63. Neleo, por lo general, es hijo de Posidón y Tiro y hermano gemelo de Pelias. Cf. *Fáb.* 157, 3.
64. Higino es el único que menciona su inmortalidad. Apolodoro, I 9, 9, dice que murió (después de haberse transformado en león, serpiente y abeja). Lo mismo dicen el resto de las fuentes: Ovidio, *Metamorfosis* XII 556; Nono de Panópolis, *Dionisíacas* XLIII 247 ss.; etc.

lo[65]: pues Apolo le concedió los años arrebatados a los hijos de Cloris.

11. Nióbidas

1 Lerta, Tántalo, Ismeno, Éupino, Fédimo, Sípilo, Quíade, Cloris, Asticratía, Síboe, Sictotio, Eudoxa, Arquénor, Ogigia[66]. Éstos son los hijos e hijas de Níobe, esposa de Anfión.

12. Pelias

1 Un oráculo había aconsejado a Pelias, hijo de Creteo y de Tiro, hacer un sacrificio en honor a Neptuno, advirtiéndole que, si un *monocrepis*[67] –es decir, un hombre calzado en un solo pie– llegaba de improviso, entonces se acercaba su muerte.
2 En los sacrificios anuales en honor a Neptuno, Jasón, hijo de Esón, hermano de Pelias, deseoso de hacer los sacrificios, perdió una sandalia mientras atravesaba el río Eveno[68], pero se despreocupó para acudir pronto a los sacrificios.
3 Pelias, al mirarlo detenidamente, recordó el consejo del oráculo y le ordenó reclamar al rey Eetes, enemigo suyo, la

65. Privilegio mencionado únicamente aquí.
66. Los nombres de la lista de Higino no coinciden exactamente con los que aporta Apolodoro, III 5, 6. Cf. Lactancio Plácido, *Comentarios a la Tebaida de Estacio* III 191; y *Mitógrafos Vaticanos* I 156. Cf. también *Fáb.* 69, 7.
67. Cf. Píndaro, *Píticas* IV 73 ss.
68. El Anauro en Apolonio de Rodas, *Argonáuticas* I 9; y Apolodoro, I 9 16. Valerio Flaco, I 83 lo sitúa en el Enipeo; Draconcio, *Romulea* X 57, en el Istro.

piel dorada del carnero, que Frixo había sacrificado en honor a Marte en la Cólquide.

Jasón convocó a los caudillos de Grecia y se dirigió a la 4
Cólquide.

13. Juno

Juno se había transformado en una anciana y estaba junto 1
al río Eveno poniendo a prueba los sentimientos de los hombres, para que la llevaran a la otra orilla del río Eveno, pero nadie quería hacerlo. Jasón, hijo de Esón y de Alcímede, la llevó a la otra orilla: ella, enfurecida con Pelias, porque no le había hecho un sacrificio[69], logró que Jasón perdiera una sandalia en el fango.

14. Los Argonautas convocados[70]

Jasón, caudillo de los tesalios, hijo de Esón y de Alcímede 1
hija de Clímeno. El citarista Orfeo, hijo de Eagro y de la Musa Calíope, adivino tracio de la ciudad de Flevia[71], que está en el monte Olimpo junto al río Enipeo. Asterión, de la ciudad de Pelene, hijo de Piremo, por su madre Antígona, hija de Feres. Otros dicen que era hijo de Hiperasio, de la ciudad de Piresias, que está en las faldas del monte Fileo

69. Cf. Apolonio de Rodas, I 13 ss.; III 65 ss.
70. Podemos encontrar otros catálogos de Argonautas en Apolonio de Rodas, I 20 ss.; Apolodoro, I 9, 16; Valerio Flaco, I 350 y ss., etc.
71. Micyllus ya sugirió en su edición del año 1535 que tal vez fuera corrupción de Pimplea, apoyándose en Apolonio de Rodas, I 34.

en Tesalia, donde confluyen dos ríos con cursos independientes: el Apídano y el Enipeo.

2 Polifemo, tesalio de la ciudad de Larisa, hijo de Élato y de Hipea, hija de Antipo, tardo de pies. Ificlo, hijo de Fílaco y de Clímene, hija de Minias, de Tesalia, tío materno de Jasón. Admeto, hijo de Feres y de Periclímene, hija de Minias, de Tesalia, del monte Calcodonio, del que reciben el nombre la ciudad y el río. Dicen que Apolo apacentó su ganado[72].

3 Éurito y Equión, hijos de Mercurio y de Antianira, hija de Méneto, de la ciudad de Álope, que ahora se llama Éfeso[73]. Algunos autores los consideran tesalios. Etálides, hijo de Mercurio y de Eupolemía, hija de Mirmidón, de Larisa. <Corono, hijo de Ceneo[74]>, de la ciudad de Girtón, que está en Tesalia.

4 Este Ceneo, hijo de Élato de Magnesia, hizo ver a los Centauros que no podían herirlo con armas de hierro, pero sí con troncos de árboles en forma de cuña. Algunos dicen que había sido una mujer, a quien Neptuno –a causa de haber yacido con él– le concedió el deseo de convertirse en un muchacho invulnerable a toda herida. Eso no sucedió nunca, ni puede suceder que un mortal sea inmune a las armas o se transforme de mujer en hombre[75].

5 Mopso, hijo de Ámpico y de Cloris, instruido en la adivinación por Apolo, de Ecalia[76] o –según creen algunos– titaresio[77]. Euridamante, hijo de Iro y de Demonasa. Otros

72. *Vid. Fáb.* 49 y ss.
73. Álope se hallaba cerca de Tesalia, pero nunca se llamó Éfeso.
74. Cf. Apolodoro, I 9, 16. En Homero, *Il.* I 264, es hijo de Corono.
75. Comentario racionalista totalmente fuera de lugar en un libro de mitología, añadido probablemente por algún copista.
76. Ciudad de Tesalia.
77. Nos separamos de Marshall (quien adoptó aquí una corrección de Muncker). Mopso era llamado así por el río Titaresio de Tesalia: cf. Apolonio de Rodas, I 65.

afirman que era hijo de Ctímeno, que vivía en la ciudad de Dolopia, junto al lago Jinio[78]. Teseo, hijo de Egeo y de Etra, hija de Piteo, de Trecén. Según otros, de Atenas.

Pirítoo, hijo de Ixión, tesalio, hermano de los Centauros. 6
Menecio, hijo de Áctor, opuntio. Eribotes, hijo de Teleonte, de la ciudad de Eleón[79].

Euritión, hijo de Iro y de Demonasa. Ixitión de la ciudad 7
de Cerinto[80]. Oileo, hijo de Hodédoco y de Agriánome, hija de Perseón, de la ciudad de Naricia[81].

Clitio e Ífito, hijos de Éurito y de Antíope, hija de Pilón, 8
reyes de Ecalia. Otros dicen de Eubea. Se dice que Apolo otorgó a Éurito el arte del manejo del arco y que desafió a su benefactor[82]. Su hijo Clitio murió a manos de Eetes. Peleo y Telamón, hijos de Éaco y de Endeide, hija de Quirón[83], de la isla de Egina. Ellos, a causa del asesinato de su hermano Foco, abandonaron su patria y buscaron moradas diferentes: Peleo fue a Ptía, Telamón a Salamina, a la que Apolonio de Rodas llama Ática[84].

Butes, hijo de Teleonte y de Zeuxipe[85], hija del río Erída- 9
no, de Atenas. Falero hijo de Alcón, de Atenas. Tifis, hijo de Forbante y de Hirmine, beocio, fue el piloto de la nave Argo.

Argos, hijo de Políbo y de Argía –otros afirman que era hijo 10
de Dánao–, era argivo y se cubría con la negra y velluda piel de

78. Junias en Apolonio de Rodas, I 67.
79. En Beocia.
80. En Eubea.
81. En la Lócride Opuntia.
82. Cf. Homero, *Odisea* VIII 223 ss. y XXI 11 ss.
83. Endeide era hija de Escirón.
84. Apolonio de Rodas, I 93.
85. Zeuxipe es más conocida por ser la esposa de Pandión y madre de Butes, hermano de Erecteo: cf. Apolodoro, I 9 16.

un toro; fue el constructor de la nave Argo. Flíaso, hijo del padre Líber y de Ariadna, hija de Minos, de la ciudad de Fliunte, que se halla en el Peloponeso. Otros aseguran que era tebano. Hércules, hijo de Júpiter y de Alcmena, hija de Electrión.

11 Hilas, hijo de Teodamante y de la ninfa Menódice, hija de Orión, efebo, de Ecalia[86]. Otros dicen que era de Argos, compañero de Hércules. Nauplio, hijo de Neptuno y de Amimone, hija de Dánao, argivo. Idmón, hijo de Apolo y de la ninfa Cirene (algunos afirman que era argivo, hijo de Abante): versado en la adivinación, aunque sabía que él iba a morir porque las aves se lo habían augurado, sin embargo acudió a la funesta expedición.

12 Cástor y Pólux, hijos de Júpiter y de Leda, hija de Testio, unos dicen que eran lacedemonios, otros espartanos, ambos imberbes. Se ha escrito que, también por la misma época, unas estrellas parecían haber caído sobre sus cabezas[87]. Linceo e Idas, hijos de Afareo y de Arena, hija de Ébalo, mesenios del Peloponeso. Se dice que uno de ellos, Linceo, podía ver cualquier cosa oculta bajo tierra y que no se lo impedía ni siquiera la oscuridad.

13 Otros aseguran que Linceo no podía ver de noche[88]. Se ha dicho que se acostumbró a percibir bajo tierra, hasta reconocer las minas de oro. Cuando descendía, de repente mostraba el oro: así surgió el rumor de que podía ver bajo tierra. A su vez, Idas era violento, fiero.

14 Periclímeno, hijo de Neleo y de Cloris, hija de Anfión y de Níobe; fue de Pilos. Anfidamante y Cefeo de Arcadia,

86. Ciudad de Arcadia.
87. A los Dioscuros se les imaginaba con un casco en forma de cáscara de huevo, coronado por una estrella.
88. Afirmación algo extraña. El texto latino es ambiguo y también podría interpretarse así: 'que nadie veía a Linceo de noche'.

hijos de Áleo y Cleobule. Anceo, hijo de Licurgo; otros dicen nieto, de Tegea.

Augías, hijo del Sol y de Nausídame, hija de Anfidamante; 15
era de Élide. Asterión[89] y Anfión, hijos de Hiperasio. Otros dicen que lo eran de Hípaso, de Pelene. Eufemo, hijo de Neptuno y de Europa, hija de Ticio, de Ténaro. Se dice que podía correr sobre el agua sin mojarse los pies.

Un segundo Anceo, hijo de Neptuno por su madre Altea[90], 16
hija de Testio, de la isla de Ímbraso, que se llamó Partenia, pero que ahora se llama Samos[91]. Ergino de Mileto, hijo de Neptuno; algunos dicen que era de Orcómeno, hijo de Peri clímeno. Meleagro, hijo de Eneo y de Altea, hija de Testio. Algunos creen que era hijo de Marte, de Calidón.

Laocoonte, hijo de Portaón, hermano de Eneo, de Cali- 17
dón. El otro Ificlo, hijo de Testio y de Leucipe, hermano de Altea por parte de madre, lacedemonio. Fue un vigoroso atleta y lanzador de jabalina. Ífito, hijo de Náubolo, focense, otros dicen que era hijo de Hípaso, del Peloponeso.

Zetes y Calais, hijos del viento Aquilón y de Oritía, hija de 18
Erecteo. Cuentan que éstos tenían alas en la cabeza y los pies, cabellos de color azul celeste, y transitaban por los aires. Por la misma época en que iban a la Cólquide como compañeros de Jasón, apartaron de Fineo, hijo de Agénor, a las tres aves Harpías[92], hijas de Taumante y de Ozómene: Aélopo, Celeno y Ocípete, que vivían en el mar Egeo, en las islas Estrófades, llamadas ahora Plotas[93]. Se dice que tenían cabeza de ave, plu-

89. Higino confunde dos personajes distintos: uno de Pelene y otro de Piresias.
90. Según Pausanias VII 4, 1, la madre de Anceo era Astipalea. Cf. también *Fáb.* 157, 3.
91. Ímbraso era un río, no una isla, en Samos.
92. Mencionadas ya en *Fáb.* 1, 35.
93. En griego 'islas Flotantes'. Se encuentran en el mar Jónico, no en el Egeo.

mas, alas y brazos humanos, grandes uñas, patas de ave y pecho y vientre de mujer. Por su parte, Zetes y Calais resultaron muertos por las flechas de Hércules y las piedras de sus túmulos se mueven cada vez que sopla su padre. Se dice que eran de Tracia.

19 Foco y Príaso, hijos de Ceneo, de Magnesia. Eurimedonte, hijo del padre Líber y de Ariadna, hija de Minos, de Fliunte. Palemonio de Calidón, hijo de Lerno.

20 Áctor, hijo de Hípaso, del Peloponeso. Tersanón[94], hijo del Sol y de Leucótoe, de Andros. Hipálcimo, hijo de Pélope y de Hipodamía, hija de Enómao, de Pisa, en el Peloponeso.

21 Asclepio, hijo de Apolo y de Corónide, de Trica <...>, hija de Testio, argivo. Neleo[95], hijo de Hipocoonte, de Pilos.

22 Yolao, hijo de Ificlo, argivo. Deucalión, hijo de Minos <y> de Pasífae, hija del Sol, de Creta. Filoctetes, hijo de Peante, de Melibea[96].

23 Un segundo Ceneo[97], hijo de Corono, de Gortina. Acasto, hijo de Pelias y de Anaxibia, hija de Biante, de Yolco, cubierto con un manto doble. Éste se unió voluntario a los Argonautas, como compañero de Jasón por iniciativa propia.

24 Todos estos fueron llamados minias, sea porque muchísimos fueron engendrados por las hijas de Minias, sea porque la madre de Jasón era hija de Clímene, <hija> de Minias. Pero ni todos llegaron a la Cólquide, ni pudieron regresar a su patria.

25 Por ejemplo, Hilas fue raptado por las ninfas[98] en Misia, cerca de Císos y del río Ascanio y, mientras Hércules y Poli-

94. Personaje citado sólo por Higino.
95. Mencionado como Argonauta sólo por Higino.
96. En Tesalia.
97. Higino ha duplicado a este personaje (cf. 14,3) inviertiendo los nombres de padre e hijo.
98. Cf. Apolonio de Rodas, I 1207; Teócrito, *Idilios* XIII; Apolodoro, I 9, 19; Antonino Liberal, *Transformaciones* 26.

femo lo buscaban, el viento arrastró la nave y los abandonaron. Hércules también dejó atrás a Polifemo, que fundó una ciudad en Misia[99] y murió junto a los cálibes.

Tifis pereció de una enfermedad en el país de los marian- 26
dinos, en la Propóntide, junto al rey Lico[100]. En su lugar, Anceo, hijo de Neptuno, gobernó la nave hasta la Cólquide. Idmón, hijo de Apolo, desembarcó para buscar paja y cayó herido por un jabalí; su vengador fue Idas, hijo de Afareo, que mató al jabalí.

Butes, hijo de Teleonte, aunque Orfeo intentaba distraer- 27
lo con sus cantos al son de la cítara, sin embargo, sucumbió al encanto de las Sirenas y se tiró al mar para llegar nadando hasta ellas; arrastrado por el oleaje, Venus lo mantuvo a salvo en Lilibeo[101].

Éstos son los que no alcanzaron la Cólquide. En cambio, en 28
el viaje de vuelta perecieron Euríbates, hijo de Teleonte, y Canto, hijo de Cerión. Murieron en Libia a manos del pastor Cefalión, hermano de Nasamón, hijo de la ninfa Tritónide y Anfítemis, cuyo ganado estaban diezmando a garrotazos.

Mopso, hijo de Ámpico, murió por la mordedura de una
serpiente en África. Se había unido a los Argonautas como 29
compañero en su viaje, muerto su padre Ámpico.

También se unieron desde la isla de Día los hijos de Frixo y de
Calcíope, hermana de Medea, Argos, Melas, Fróntide y Cilin- 30
dro, llamados, según creen otros, Fronio, Demoleón, Autólico y Flogio[102], a los que Hércules llevó como compañeros, mientras

99. Precisamente Cíos, junto a la desembocadura del río homónimo: Apolonio de Rodas, I 1320 ss.
100. Los mariandinos, en realidad, habitaban Bitinia.
101. En el extremo occidental de Sicilia. Según Apolonio de Rodas, IV 912 ss., Butes pereció en el viaje de regreso.
102. Estos cuatro no eran hijos de Frixo en Apolonio de Rodas, II 947 ss.

buscaba el cinturón de las Amazonas, y los abandonó amedrentados por Dáscilo, hijo de Lico, rey de los mariandinos.

31 Los Argonautas, al marchar hacia la Cólquide, quisieron poner al mando a Hércules; pero él no quiso, diciendo que era más oportuno poner a Jasón, gracias al cual todos habían partido. Así pues, Jasón ejerció el mando como guía.

32 El constructor fue Argos, hijo de Dánao; <Tifis el timonel> y tras su muerte pilotó la nave Anceo, hijo de Neptuno. Como vigía navegó Linceo, hijo de Afareo, que tenía muy buena vista. Los contramaestres fueron Zetes y Calais, hijos de Aquilón, que tenían plumas en la cabeza y en los pies. A los remos de proa se sentaron Peleo y Telamón; y junto al gobernalle se sentaron Hércules e Idas. Los demás guardaron sus puestos. El compás lo marcaba Orfeo, hijo de Eagro. Una vez que Hércules fue abandonado <por los Argonautas> en su lugar se sentó Peleo, hijo de Éaco.

33 Ésta es la nave Argo que Minerva llevó al círculo sideral, puesto que había sido construida por ella. Tan pronto como la nave se hizo a la mar, apareció entre la estrellas desde el timón hasta la vela. Cicerón describe su aspecto y su forma en los *Phaenomena* con estos versos[103]:

> Pero, hacia la cola del Can, serpenteante, se desliza Argo,
> girando por delante, cubierta de luz su popa,
> no como otras naves, que suelen sus proas en alta mar
> anteponer y con sus espolones surcan de Neptuno los prados, como, cuando a puertos seguros comienzan a llegar,
> los marineros, con su gran cargamento, la nave hacen girar,
> y arrastran hacia la orilla deseada, en sentido opuesto, la popa,
> así, sobre el éter gira y se desliza la vieja Argo.

103. Cicerón hizo una traducción de la obra de Arato (cf. *Fenómenos* III 13, 5).

Pues el timón se extiende desde la volante popa
y, del brillante Can, las huellas posteriores toca.

Esta nave tiene cuatro estrellas en la popa, cinco a la izquierda del timón; cuatro a la derecha, parecidas entre sí: trece en total.

15. Las mujeres de Lemnos

En la isla de Lemnos las mujeres no habían hecho sacrifi- 1
cios en honor de Venus durante unos cuantos años. Se encolerizó con ellas y sus maridos se casaron con mujeres tracias y repudiaron a las primeras[104]. Pero las lemníades se conjuraron, instigadas por la propia Venus, y mataron a todos los hombres que había allí, salvo Hipsípila, que embarcó en secreto a su padre Toante, a quien una tempestad lo arrastró hasta la isla Táurica[105].

Entretanto, los Argonautas llegaron costeando a Lemnos. 2
Cuando los vio Ifínoe, la centinela de la puerta, avisó a la reina Hipsípila, a quien Polixo, por su edad avanzada, le dio el consejo de que los comprometiera por medio de los dioses de la hospitalidad.

Hipsípila engendró con Jasón a sus hijos Euneo y Deípilo[106]. 3

Como se detuvieron allí muchos días, reprendidos por Hér- 4
cules, partieron.

104. Cf. Apolodoro, I 9, 17.
105. Esto es, Crimea *(vid. Fáb.* 120): cf. Valerio Flaco, II 242-302. En Apolonio de Rodas, I 620-626, llega a la isla de Sícinos (una de las Cícladas); y en Estacio, *Tebaida* V 239-295 y Lactancio Plácido, *Comentarios a la Tebaida de Estacio* V 29, a la de Quíos.
106. Euneo y Nebrófono en Apolodoro, I 9, 17. Euneo aparece mencionado como soberano de Lemnos ya en Homero, *Il.* VII 468.

5 Por su parte, las lemníades intentaron matar a Hipsípila, tras conocer que había mantenido a salvo a su padre; pero ella se dio a la fuga. Unos piratas la recogieron, la llevaron a Tebas y la vendieron como esclava al rey Lico[107].

6 Todas las mujeres de Lemnos que quedaron embarazadas de los Argonautas les pusieron a sus hijos los nombres de ellos.[108].

16. Cícico

1 Cícico, descendiente de Eusoro, rey en una isla de la Propóntide[109], acogió a los Argonautas con una generosa hospitalidad. Tras haberse despedido del él, navegaron durante todo el día, pero por la noche se levantó una tormenta y fueron a parar, sin saberlo, a la misma isla.

2 Cícico, creyendo que eran enemigos pelasgos, entabló combate contra ellos en la playa por la noche y resultó muerto a manos de Jasón. Al día siguiente, cuando se acercó a la playa y vio que había matado al rey, lo sepultó y entregó el reino a sus hijos.

17. Ámico

1 Ámico, hijo de Neptuno y de Melia, rey de Bebricia[110]. A todo el que llegaba a sus dominios lo obligaba a batirse con

107. El resto de las fuentes dice que Hipsípila fue vendida al rey Licurgo de Nemea: Estacio, *Tebaida* V 493-498; *Mitógrafos Vaticanos* I 133; II 141.
108. En contra de lo dicho en 3.
109. Cícico era hijo de Enete, hija de Eusoro, en Apolonio de Rodas, I 935 ss.
110. Bitinia.

él en un combate de boxeo y aniquilaba a los vencidos. Tras haber desafiado a los Argonautas a un combate de boxeo, Pólux se batió con él y lo mató.

18. Lico

Lico, rey de una isla de la Propóntide, dio hospitalidad a los 1
Argonautas como recompensa precisamente por haber matado a Ámico, que lo atacaba[111] a menudo. Mientras los Argonautas permanecían en el palacio de Lico y salían a buscar paja, Idmón, hijo de Apolo, pereció atacado por un jabalí; y en el largo tiempo que se demoró su funeral murió Tifis, hijo de Forbante[112]. Entonces los Argonautas le entregaron la nave Argo a Anceo, hijo de Neptuno, para que la pilotara.

19. Fineo

Fineo, tracio, hijo de Agénor, tuvo dos hijos de Cleopatra. 1
Su padre los dejó ciegos ante una acusación de su madrastra[113].

También se dice que Apolo le otorgó a Fineo el don de la pro- 2
fecía; como éste divulgaba las intenciones de los dioses, Júpiter lo cegó y puso junto a él a las Harpías, a las que llaman las 'perras de Júpiter', para que le arrebataran la comida de su boca.

111. El verbo en este pasaje está corrupto. Nos separamos aquí de la edición de Marshall y adoptamos una conjetura de Muncker, lo que coincide con lo relatado por Apolonio de Rodas, II 754 ss.

112.. Apolodoro, II 815 ss., relata que los funerales de Idmón se prolongaron durante cuatro días.

113. Cf. Apolodoro, III 15, 3. Diodoro, IV 43, 4, especifica que Idea les acusó de haber intentado violarla.

3 Cuando los Argonautas llegaron a este lugar y le pidieron que les indicara la ruta, respondió que se la indicaría si le liberaban del castigo. Entonces, Zetes y Calais, hijos del viento Aquilón y de Oritía, que tenían, dicen, plumas en la cabeza y en los pies, ahuyentaron a las Harpías hasta las islas Estrófades y libraron a Fineo de su castigo.

4 Les mostró de qué manera podrían atravesar las Simplégades: dijo que soltaran una paloma y una vez que las rocas hubieran chocado, al apartarse <...>, debían retroceder[114]. Gracias a Fineo los Argonautas consiguieron atravesar las Simplégades.

20. Las Estinfálides

1 Al llegar a la isla de Día, unas aves los atravesaron con sus plumas a modo de flechas y, como no podían oponer resistencia a la multitud de aves, siguieron un consejo de Fineo: cogieron los escudos y las lanzas <y> las ahuyentaron, a usanza de los Curetes, con el ruido de las armas[115].

21. Los hijos de Frixo

1 Los Argonautas entraron al mar, que se llama Euxino, a través de las rocas Ciáneas[116], que también son llamadas Sim-

114. Gracias a otras fuentes podemos completar la laguna del texto: <si veían que la paloma se salvaba, las podían atravesar, pero si perecía> (cf. Apolodoro, I 9, 22; Apolonio de Rodas, II 549 ss.).
115. Cf. Apolonio de Rodas, II 1030 ss.
116. 'Azules'.

plégades[117], en el mar que se llama Ponto Euxino, y se extraviaron; y por voluntad de Juno se desviaron a la isla de Día.

2 Allí encontraron a los hijos de Frixo y de Calcíope, Argos, Fróntide, Melas y Cilindro, náufragos, desnudos y desamparados. Después de haberle contado a Jasón sus infortunios y que ellos fueron arrastrados allí, tras naufragar, cuando se apresuraban a ir junto a su abuelo Atamante, Jasón los acogió y les prestó socorro; y ellos condujeron a Jasón a través del río Termodonte hasta la Cólquide.

3 Y cuando ya no estaban lejos de la Cólquide, aconsejaron ocultar la nave; acudieron al lado de su madre Calcíope, hermana de Medea, le relataron los favores de Jasón y por qué habían acudido. Entonces Calcíope les habló de Medea y la condujo hasta Jasón en compañía de sus hijos.

4 Al verlo, reconoció a aquel de quien se había enamorado en sueños, inducida por Juno; le prometió toda su ayuda y lo llevaron hasta el templo.

22. Eetes

1 A Eetes, hijo del Sol, un oráculo le había vaticinado que conservaría el reino tanto tiempo como existiese la piel que Frixo había consagrado en el santuario de Marte.

2 Y por ello, Eetes impuso esta prueba a Jasón: si quería llevarse la piel de oro, debía uncir bajo un yugo de acero a unos toros de broncíneas pezuñas, que espiraban fuego por los ollares; arar y sembrar los dientes de un dragón deposi-

117. 'Entrechocantes'.

tados en un casco, de los que nacería al instante una raza de soldados que se matarían entre sí.

3 Pero Juno siempre estuvo dispuesta a proteger a Jasón, porque, cuando acudió al río con la intención de poner a prueba los sentimientos de los hombres, se hizo pasar por una anciana que suplicaba que la llevaran a la otra orilla: aunque otros que habían cruzado no le habían prestado atención, él la llevó a la otra orilla[118].

4 Así pues, como sabía que Jasón no podía realizar las tareas sin la sabiduría de Medea, le pidió a Venus que infundiese amor a Medea. Por instigación de Venus, Jasón fue amado por Medea y, gracias a ella, quedó libre de todo peligro. En efecto, después de haber arado con los toros y haber brotado los hombres armados[119], arrojó por consejo de Medea una piedra en medio de ellos y se pusieron a luchar entre sí, hasta darse muerte unos a otros. Al dragón, por su parte, lo adormeció con hechizos[120], se llevó la piel del santuario y partió a su patria con Medea.

23. Apsirto

1 Cuando Eetes descubrió que Medea había huido con Jasón, equipó una nave y envió a su hijo Apsirto con sirvientes armados para perseguirla.

118. *Vid. Fáb.* 13.

119. Para un caso semejante de hombres 'autóctonos' o brotados de la tierra *vid. Fáb.* 178, 5.

120. Cf. Apolonio de Rodas, IV 123-166; Ovidio, *Met.* VII 149 ss. El dragón muere a manos de Jasón en Píndaro, *Píticas* IV 249; y por obra de Medea en Eurípides, *Medea* 480-482; y Diodoro, IV 48, 3.

Apsirto la persiguió sin descanso hasta los dominios del 2
rey Alcínoo en el mar Adriático, en Istria, y quiso luchar con las armas, pero Alcínoo se interpuso entre ellos para que no guerrearan. Lo tomaron como juez y éste los emplazó para el día siguiente. Como estaba muy triste, su esposa Arete le preguntó cuál era la razón de su tristeza, y le contestó que había sido nombrado juez por dos pueblos enfrentados: los colcos y los argivos. Al preguntarle Arete cuál era la sentencia que iba a dictar, Alcínoo le respondió que, si Medea era virgen, la entregaría a su padre; pero si, por el contrario, era ya mujer, a su esposo[121].

Cuando Arete escuchó la decisión de su esposo, envió 3
un mensajero a Jasón, y éste desvirgó a Medea por la noche en una cueva. Al día siguiente, fueron a juicio, descubrieron que Medea era ya mujer y fue entregada a su marido.

Sin embargo, tras su marcha, Apsirto, que temía quebran- 4
tar las órdenes de su padre, los persiguió hasta la isla de Minerva. Apsirto se presentó allí justo en el momento en que Jasón se disponía a realizar un sacrificio en honor de Minerva y Jasón lo mató[122]. Medea sepultó su cuerpo y se fueron de allí.

Los colcos que habían llegado con Apsirto, como temían a 5
Eetes, permanecieron en este lugar y fundaron una ciudad, a la que dieron el nombre de Apsoris en honor de Apsirto.

121. Peculiar versión de Higino, influido probablemente por una tragedia perdida (*Los escitas* de Sófocles o la *Medea* de Accio).

122. Cf. Apolonio de Rodas, IX 305 ss. En Apolodoro, I 9, 23, Medea asesinó a su hermano, un niño aún, y lo arrojó al mar para ganar tiempo, cuando eran perseguidos por Eetes. En Eurípides, *Medea* 166 ss., mata a su hermanastro en el palacio antes de embarcarse.

Esta isla está situada en Istria, frente a Pola, unida a la isla de Canta.

24. Las Pelíades

1 Jasón había afrontado tantos peligros por orden de su tío Pelias, que comenzó a planear de qué manera podría darle muerte sin levantar sospechas. Medea le prometió que ella se encargaría de hacerlo.

2 Así pues, cuando ya estaban lejos de la Cólquide, ordenó poner la nave en un lugar oculto y se dirigió en persona junto a las hijas de Pelias en calidad de sacerdotisa de Diana. Les prometió rejuvenecer a su padre Pelias, pero Alcestis, la hija mayor, dijo que eso no era posible.

3 Medea, para convencerla más fácilmente, las envolvió en una oscuridad y con sus pócimas realizó muchos prodigios que parecían verídicos: metió un carnero bastante viejo en un caldero, y de él vieron saltar un bellísimo cordero.

Y por ello, las Pelíades, esto es, Alcestis, Pelopia, Medu-
4 sa, Pisídice e Hipótoe, instigadas por Medea, mataron del
mismo modo a su padre y lo cocieron en un caldero. Al ver
que habían sido engañadas, huyeron de su patria.

5 Entretanto, Jasón, después de que Medea le diera la señal, se apoderó del palacio y entregó el reino paterno a Acasto, hijo de Pelias y hermano de las Pelíades, por haberle acompañado a la Cólquide; y él mismo se marchó a Corinto con Medea[123].

123. En Apolodoro, I 9, 28; y Séneca, *Medea*, 257 y 415, son expulsados de Yolco por Acasto.

25. Medea

Medea, hija de Eetes y de Idía, aunque ya había engendrado con Jasón a sus hijos Mérmero y Feres y vivían en total armonía, se le reprochaba que un hombre tan valiente, apuesto y noble tuviera a una hechicera y extranjera por esposa. 1

Creonte, hijo de Meneceo, rey de Corinto, le entregó por 2
esposa a Glauce, la menor de sus hijas[124]. Al verse tan ultrajada Medea, que había prestado tantos servicios a Jasón, fabricó con sus hechizos una diadema de oro y ordenó a sus hijos que se la dieran a su madrastra como regalo.

Creúsa[125] aceptó el regaló y murió abrasada con Jasón y 3
Creonte[126]. Cuando Medea vio arder el palacio, mató a los hijos que tuvo de Jasón, Mérmero y Feres, y huyó de Corinto.

26. Medea desterrada

Medea, desterrada de Corinto, llegó en busca de asilo a Ate- 1
nas, al palacio de Egeo, hijo de Pandión, y con aquél se casó y engendró a Medo.

Después la sacerdotisa de Diana comenzó a hostigar a 2
Medea y andaba diciendo que no era posible realizar sacrificios de manera piadosa, porque vivía en la ciudad una mujer hechicera y criminal. Entonces fue desterrada de nuevo.

124. Higino confunde al rey Creonte de Tebas con su homónimo de Corinto, hijo de Licáeto.

125. En la tradición mitográfica, la hija de Creonte recibe ambos nombres.

126. Sobre el fin de Jasón hay diferentes versiones: en Eurípides, *Medea* 1386 ss., la heroína le profetiza que morirá al caerle un madero de la Argo; y Diodoro, IV 55, 1, dice que se suicidó.

3 Medea unció unos dragones y regresó a la Cólquide desde Atenas. En el trayecto llegó a Apsoris, donde su hermano Apsirto había sido sepultado. Allí los apsoritanos no podían hacer frente a una plaga de serpientes. Ante sus ruegos las recogió arrojándolas sobre el túmulo de su hermano; y allí permanecen todavía, pero si alguna sale fuera del túmulo, salda su deuda con la naturaleza[127].

27. Medo[128]

1 Perses, hijo del Sol, hermano de Eetes, recibió el vaticinio de que se cuidara de morir a manos de la descendencia de Eetes: una tempestad arrastró a Medo hasta sus dominios, mientras perseguía a su madre; fue arrestado por los soldados y llevado ante el rey Perses.

2 Medo, hijo de Egeo y de Medea, como vio que había caído en manos de un enemigo, fingió ser Hípotes, hijo de Creonte. Pero el rey intentaba investigar más a fondo y ordenó ponerle bajo custodia, cuando se dice que hubo un periodo de malas cosechas y escasez de comida.

3 Medea, después de llegar allá en un carro tirado por dragones, se hizo pasar por sacerdotisa de Diana y le dijo al rey que podía expiar la carestía. Y, al oír decir al rey que tenía recluido a Hípotes, el hijo de Creonte, pensó que aquél habría ido para castigar el daño hecho a su padre, pero puso en peligro, sin saberlo, a su hijo.

127. Es decir, muere. Cf. Dognini, 2003, 93 ss.
128. Esta fábula seguramente resume el argumento de una tragedia perdida: quizás el *Medo* de Pacuvio.

En efecto, persuadió al rey de que aquél no era Hípotes, 4
sino Medo, hijo de Egeo, enviado por su madre para matar al rey; y le pidió que se lo entregara para asesinarlo, en la idea de que era Hípotes.

Por consiguiente, cuando se hizo salir a Medo, para cas- 5
tigar su engaño con la muerte, como vio que la situación era diferente de lo que había supuesto, dijo que quería hablar con él, pero le entregó una espada y le ordenó castigar los ultrajes de su abuelo. Medo se enteró del asunto, mató a Perses y ocupó el reino de sus antepasados. Llamó Media a esa región a partir de su nombre.

28. Oto y Efialtes

Se dice que Oto y Efialtes, hijos de Aloeo y de Ifímede, hija 1
de Neptuno[129], tenían un tamaño extraordinario: cada uno de ellos crecía nueve dedos al mes. Así pues, cuando tenían nueve años, se propusieron subir al cielo.

De este modo intentaron aproximarse: pusieron el mon- 2
te Osa sobre el Pelión (por lo que también el Pelión es llamado monte Osa), y apilaron otros montes, pero murieron alcanzados por Apolo.

Otros autores dicen que los hijos de Neptuno y de Ifí- 3
mede eran invulnerables. Como quisieron violar a Diana, la cual no podía oponerse a su fuerza, Apolo[130] puso entre ambos una cierva[131] y, mientras pretendían matar-

129. O Ifimedía, hija de Tríope, según Apolodoro, I 7, 4.
130. En Homero, *Il.* V 385 ss., Apolo mata a los Alóadas antes de que consigan escalar el cielo.
131. O bien la propia Diana se transforma en cierva: Apolodoro, I 7, 4.

la con sus dardos, presos de furor, se mataron el uno al otro.

4 Dicen que sufren esta pena en los infiernos: fueron atados con serpientes a cada lado de una columna; y entre ellos, sobre la columna a la que fueron atados, estaba posado un autillo.

29. Alcmena

1 Anfitrión había partido para conquistar Ecalia[132] y Alcmena, teniendo a Júpiter por su marido, lo recibió en el lecho. Cuando entró al lecho y le refirió las empresas que había realizado en Ecalia, creyó que era su marido y se acostó con él.

2 Y éste se acostó con ella con tanto entusiasmo, que usurpó un día, repitiendo dos noches, de modo que Alcmena se extrañó de que la noche durara tanto. Después, cuando le anunciaron que su marido llegaba victorioso, no le dio importancia, porque pensaba que ya lo había visto.

3 Al entrar Anfitrión al palacio y verla despreocupada y tranquila, se asombró y se quejó de que ella no le recibiera al llegar, y Alcmena le respondió: «Ya llegaste antes, te acostaste conmigo y me contaste tus hazañas en Ecalia».

4 Con todos esos indicios, Anfitrión comprendió que una deidad había estado en su lugar y desde ese día no se acostó con ella, que, preñada de Júpiter, dio a luz a Hércules.

132. Anfitrión marchó contra el rey Pterelao de Tafos en Apolodoro, II 4, 6.

30. Los doce trabajos impuestos por Euristeo

Cuando era un niño mató con sus dos manos dos serpientes que había enviado Juno, por lo que se le llamó Primigenio. 1

Mató al invulnerable león de Nemea, criado por la Luna en una caverna con dos salidas, y se puso su piel a modo de capa. 2

Aniquiló junto a la fuente de Lerna a la Hidra, hija de Tifón, que tenía nueve cabezas[133]. Su veneno era tan fuerte, que podía matar a los hombres con su aliento; y, si alguien pasaba sobre ella mientras dormía, soplaba sobre sus huellas y moría con el mayor tormento. La aniquiló y, por consejo de Minerva, la destripó y untó sus flechas con su bilis. Así pues, todo lo que atravesaba después con sus flechas, no evitaba la muerte: esa fue la causa por la que incluso él mismo murió después en Frigia. 3

Eliminó al jabalí del Erimanto[134]. 4

Llevó vivo, en presencia de Euristeo, al ciervo salvaje con áureos cuernos[135]. 5

Exterminó con sus flechas en la isla de Marte a las aves Estinfálides[136], que se sacaban sus propias plumas y las disparaban. 6

Limpió de estiércol el establo del rey Augías en un solo día, la mayor parte con la ayuda de Júpiter. Eliminó todo el estiércol desviando el curso de un río. 7

133. Diodoro, IV 11, 5 y Ovidio, *Met.* IX 69 ss., dicen que la Hidra de Lerna tenía cien cabezas; Apolodoro, II 5, 2, nueve (la del centro inmortal); y Pausanias, II 37, 4, una.

134. Montaña de Arcadia. En el resto de las fuentes el trabajo era llevarlo vivo.

135. En el resto de las fuentes es una cierva que vivía en Acaya, no en Arcadia. Quizás el hecho prodigioso de que una hembra de ciervo tuviera cuernos provocó el cambio de sexo en Higino (también un ciervo en Pólux, *Onomástico* V 76).

136. Este trabajo también es situado en Arcadia por el resto de las fuentes.

8 Llevó vivo a Micenas, desde la isla de Creta, el toro con el que yació Pasífae.

9 Eliminó con la ayuda de su criado Abdero a Diomedes, rey de Tracia, y a sus cuatro caballos[137], que se alimentaban de carne humana. Los nombres de los caballos eran Podargo, Lampón, Janto y Dino.

10 A la reina de las Amazonas, a Hipólita, hija de Marte y de la reina Otrera, le robó el cinturón; y después entregó Antíope a Teseo como esclava.

11 Eliminó con un solo dardo a Gerión, el hijo trimembre de Crisaor.

12 Eliminó junto al monte Atlas al inmenso dragón, hijo de Tifón, que solía custodiar las manzanas de oro de las Hespérides; y llevó las manzanas al rey Euristeo.

13 Desde los infiernos llevó en presencia del rey al can Cerbero, hijo de Tifón.

31. Sus hazañas menores

1 En Libia mató a Anteo, hijo de la Tierra, que obligaba a los forasteros a luchar contra él y, cuando estaban extenuados, les daba muerte. A éste lo mató en combate[138].

2 En Egipto mató a Busiris, que tenía por costumbre sacrificar a los extranjeros. Al enterarse de sus prácticas, permitió que lo condujeran con las ínfulas al altar y, cuando Busiris iba a rogar a los dioses, Hércules le dio muerte con su clava a aquél y a sus sacerdotes.

137. De nuevo, Higino se separa del resto de las fuentes, que hablan de yeguas.

138. Lo estranguló, manteniéndolo en vilo, para evitar que su madre Gea le suministrara fuerza (Apolodoro, II 5, 11). Para una descripción detallada de la lucha: Lucano, *Farsalia* IV 588 ss.

Mató a Cicno, hijo de Marte, derrotándole en un comba- 3
te con armas. Como Marte había acudido allí y quería combatir contra él a causa de su hijo, Júpiter lanzó un rayo entre ellos y así los separó[139].

En Troya mató al monstruo marino al que Hesíone ha- 4
bía sido ofrendada; y con sus flechas dio muerte a Laomedonte, padre de Hesíone, porque no se la devolvía.

Dio muerte con sus flechas al águila resplandeciente que 5
devoraba el corazón de Prometeo[140].

Dio muerte a Lico[141], hijo de Neptuno, porque quiso ma- 6
tar a su esposa Mégara, hija de Creonte, y a sus hijos Terímaco y Ofites.

El río Aqueloo adoptaba todo tipo de formas. Cuando lu- 7
chó con Hércules para casarse con Deyanira, se convirtió en toro y Hércules le arrancó un cuerno, que regaló a las Hespérides –o a las Ninfas– y las diosas lo llenaron de frutas y lo llamaron cornucopia[142].

Mató a Neleo, hijo de Hipocoonte, junto con diez hijos 8
suyos, porque aquél no quiso purificarlo o limpiarlo, en su

139. Higino confunde aquí dos combates diferentes: uno enfrentó, en Macedonia, a Heracles contra Cicno, hijo de Ares y Pirene, y finalizó con un rayo; en el segundo, que tuvo lugar en Tesalia, mató a otro Cicno, hijo de Ares y Pelopia (Apolodoro, II 7, 7).

140. *Vid. Fáb.* 54 y 144. Las fuentes griegas hablan del hígado, sede de los sentimientos, y equivalente, por tanto, al término latino *cor,* 'corazón': cf. *Mitógrafos Vaticanos* II 82.

141. Personaje introducido en la leyenda por Eurípides en su *Heracles furioso*. En Apolodoro, II 4, 12, la locura de Heracles es muy anterior: mató a Mégara, enloquecido por Hera, tras el combate contra los minias y fue purificado por Tespio.

142. Sobre la cornucopia o Cuerno de la Abundancia, véase también Ovidio, *Met.* IX 85-88.

día, de la muerte de su esposa Mégara, hija de Creonte, y de la de sus hijos Terímaco y Ofites[143].

9 Mató a Éurito, por rechazarlo cuando pidió en matrimonio a su hija Yole.

10 Mató al Centauro Neso por querer violar a Deyanira.

Mató al Centauro Euritión por haber pretendido a su prometida Deyanira, hija de Dexámeno[144].

32. Mégara

1 Hércules fue enviado por el rey Euristeo en busca del can de tres cabezas. Lico, hijo de Neptuno, pensó que había perecido y decidió asesinar a la esposa de aquél, Mégara, hija de Creonte, y a sus hijos, Terímaco y Ofites, y tomar posesión del reino.

2 Entretanto Hércules llegó allí y mató a Lico. A continuación, enloquecido por Juno, mató a Mégara y a Terímaco y Ofites.

3 Una vez que recuperó la razón, pidió a Apolo que le respondiera cómo podría expiar su crimen; pero como Apolo no quiso darle respuesta, Hércules, enfadado, se llevó el trípode de su santuario[145]. Lo devolvió después por orden de Júpiter, el cual también ordenó a Apolo dar una respuesta aunque no quisiera.

4 Por ese motivo, Hércules fue entregado por Mercurio como esclavo a la reina Ónfale[146].

143. En Apolodoro, II 6, 2, Neleo rechaza purificarlo de la muerte de Ífito.
144. En Apolodoro, II 5, 5, la hija de Dexámeno, rey de Oleno (Acaya), era Mnesímaca.
145. Cf. Pausanias, X 13, 8.
146. En Lidia: Apolodoro, II 6, 3.

33. Los Centauros

Hércules llegó a la corte del rey Dexámeno como huésped, desfloró a su hija Deyanira y dio su palabra de que la desposaría. Tras su partida el Centauro Euritión, hijo de Ixión y de Nube, reclamó a Deyanira como esposa. Su padre, temeroso de su carácter violento, prometió que se la entregaría. 1

Al llegar el día acordado, se presentó con sus hermanos para la boda. Pero Hércules acudió, mató al Centauro y se llevó a su prometida. 2

Asimismo en otros esponsales, cuando Pirítoo desposaba a Hipodamía, hija de Adrasto, los Centauros, borrachos, intentaron raptar a las mujeres de los lapitas, a muchos de los cuales mataron los Centauros, que a su vez murieron a manos de aquéllos. 3

34. Neso

Deyanira pidió al Centauro Neso, hijo de Ixión y Nube, que la ayudara a cruzar el río Eveno: la cargó a hombros, pero la intentó violar en el mismo río. Hércules acudió, al implorar Deyanira su ayuda, y atravesó a Neso con sus flechas. 1

Cuando él estaba a punto de morir, como sabía lo poderoso que era el veneno que tenían las flechas sumergidas en la bilis de la Hidra de Lerna, dio a Deyanira su propia sangre derramada y le contó que era un filtro amoroso: debería untar bien con ella la ropa de aquél, si quería que no la repudiara. Deyanira se lo creyó y lo conservó bien escondido[147]. 2

147. Cf. *Fáb.* 30, 3.

35. Yole

1 Cuando Hércules pidió en matrimonio a Yole, hija de Éurito, y éste le rechazó, asaltó Ecalia. Para que la doncella le suplicara, comenzó a matar a sus padres en su presencia. Pero soportó con ánimo inflexible que asesinara a sus padres ante ella. Después de matarlos a todos, la envió junto a Deyanira como esclava.

36. Deyanira

1 Deyanira, hija de Eneo, esposa de Hércules, al ver que Yole, la esclava que llevaban, era de una extraordinaria belleza, temió que le quitara a su marido. Por ello, recordando el consejo de Neso, envió a un sirviente llamado Licas, para que le llevara a Hércules la ropa empapada con la sangre del Centauro.

2 Después, el sol alcanzó un poco de sangre que había caído en el suelo y comenzó a arder. Nada más verlo, Deyanira se dio cuenta de que no era como le había dicho Neso y ordenó hacer volver al sirviente a quien había entregado la ropa.

3 Pero Hércules ya se la había puesto y al instante comenzó a abrasarse. Al arrojarse al río para eliminar el ardor, salía una llama mayor; y cuando intentaba desvestirse, sus entrañas iban detrás.

4 Entonces Hércules arrojó rodando al mar a Licas, que le había llevado la ropa. Cayó en un lugar donde surgió una roca que se llama Licas[148].

148. Escollo con forma humana en el mar de Eubea: cf. Ovidio, *Met.* IX 226 ss.

Se dice que Filoctetes, hijo de Peante, levantó una pira a 5
Hércules en el monte Eta y que alcanzó la inmortalidad. Por
este favor Hércules dio su arco y sus flechas a Filoctetes. 6
Por su parte, Deyanira se suicidó por lo ocurrido a Hércules.

37. Etra

Neptuno y Egeo, hijo de Pandión, se acostaron la misma 1
noche con Etra, hija de Piteo, en el templo de Minerva.
Neptuno concedió la paternidad a Egeo.
Cuando éste se disponía a regresar desde Trecén a Atenas, 2
puso su espada debajo de una roca y ordenó a Etra enviarlo a
su lado en cuanto pudiera levantar la roca y empuñar la espada
de su padre. Así, tendría una prueba para reconocer a su hijo.
Después Etra dio a luz a Teseo y, al llegar a la edad viril, 3
su madre le reveló las instrucciones de Egeo, mostrándole
la roca para que empuñara la espada; le ordenó dirigirse a
Atenas junto a Egeo y él dio muerte a todos los que infestaban el camino[149].

38. Los trabajos de Teseo

Dio muerte con sus armas a Corinetes[150], hijo de Neptuno. 1
Mató a Pitiocamptes[151], quien obligaba a los caminan- 2
tes a ayudarle a doblar hasta el suelo el tronco de un

149. Para esta cuestión: Apolodoro, III 16, 1; Baquílides, 17, 6 ss.; Ovidio, *Met.* VII 433-437.
150. 'Macero', sobrenombre de Perifetes (hijo de Hefesto), por la maza con la que mataba a los viandantes que pasaban por Epidauro.
151. Del griego πιτυοκάμπτης, *pityokámptēs* ('doblador de pinos'), más conocido como Sinis: cf. Plutarco, *Teseo* 8.

pino y, cuando uno lo estaba sujetando con él, lo soltaba con fuerza, se estrellaba violentamente contra el suelo y perecía.

3 Mató a Procustes[152], hijo de Neptuno. Cuando un forastero llegaba a sus dominios, si era alto lo ponía en un lecho menor y cortaba la parte del cuerpo sobrante; pero, si por el contrario, era de baja estatura, lo ponía en un lecho mayor y, por medio de unos yunques puestos por debajo, lo estiraba hasta igualar la longitud del lecho[153].

4 Escirón se sentaba junto al mar en un acantilado, obligaba al caminante a lavarle los pies y entonces lo empujaba al mar. Teseo lo arrojó al mar con una muerte similar. Desde entonces se llaman rocas de Escirón.

5 Dio muerte con sus armas a Cerción, hijo de Vulcano[154].

6 Mató a un jabalí que había en Cremión[155].

7 Dio muerte al toro de Maratón, que Hércules había llevado para Euristeo desde Creta.

8 Dio muerte al Minotauro en la ciudad de Cnosos.

39. Dédalo

1 Dédalo, hijo de Eupálamo, de quien se dice que había recibido de Minerva el arte de la invención, arrojó desde lo alto

152. 'Mutilador'. También llamado Damastes o Polipemón: Apolodoro, *Epítome* I, 4.
153. Algunos autores mencionan un solo lecho: Diodoro, IV 59, 5; *Escolio a Eurípides, Hipólito* 977.
154. Hijo de Branco y de la ninfa Argíope en Apolodoro, *Epítome* I, 1; o de Posidón (Pausanias, I 14, 3).
155. Comarca entre Corinto y Mégara. El resto de las fuentes hablan de una cerda o de Fea, una mujer ladrona e inmoral (Plutarco, *Teseo* IX 2).

de un tejado a Perdiz[156], hijo de su hermana, por envidia de su destreza, porque había sido el primero en inventar la sierra. A causa de este crimen marchó al exilio de Atenas a Creta, al palacio del rey Minos.

40. Pasífae

Pasífae, hija del Sol, esposa de Minos, no había hecho sacri- 1
ficios en honor de la diosa Venus durante unos cuantos años[157]. Por ese motivo Venus infundió en ella una pasión abominable, para que ella amara, bajo otra forma, al toro del que estaba enamorada[158].

Entretanto llegó Dédalo desterrado pidiendo ayuda. Cons- 2
truyó para ella una vaca de madera y la recubrió con la piel de una vaca auténtica, dentro de la cual copuló con el toro. De esa unión parió al Minotauro, un ser con cabeza de toro y cuerpo humano.

Entonces Dédalo construyó para el Minotauro un labe- 3
rinto de enrevesada salida, en donde fue encerrado.

Minos, al enterarse, encarceló a Dédalo, pero Pasífae le 4
liberó de las cadenas. Así pues, Dédalo fabricó unas alas para él y para su hijo Ícaro, las ajustó y huyeron volando de allí. Ícaro voló muy alto, el sol calentó la cera y cayo al mar, que

156. Para su transformación en el ave homónima: Ovidio, *Met.* VIII 243 ss. Llamado Talo, según Apolodoro, III 15, 8; y Diodoro, IV, 76, 4.
157. En Apolodoro, III 1, 4; y Diodoro, IV 77, 1-2, es un castigo de Posidón contra Minos, por no haberle ofrendado el toro.
158. Probablemente, el texto esté corrupto, pues resulta muy difícil entender el sentido original. Para nuestra traducción hemos seguido una interpretación de Stegen, 1972, 1103. Acerca de la pasión de Pasífae, véase Virgilio, *Églogas* VI 45 ss. y Ovidio, *Arte de amar* I 289 ss.

fue llamado mar de Icario por ello. Dédalo voló hasta los dominios del rey Cócalo, en la isla de Sicilia.

5 Otros dicen que, cuando Teseo dio muerte al Minotauro, condujo a Dédalo de nuevo a Atenas, su patria.

41. Minos

1 Cuando Minos, hijo de Júpiter y de Europa, luchó contra los atenienses, su hijo Androgeo resultó muerto en la batalla[159]. Después de haberlos vencido, los atenienses comenzaron a ser tributarios de Minos. Pero también determinó que cada año enviaran a siete de sus hijos como pasto del Minotauro[160].

2 Teseo llegó desde Trecén y, al oír cuánta desgracia afligía a la ciudad, se ofreció como voluntario contra el Minotauro.

3 Cuando su padre lo envió, le encargó poner velas blancas en el barco, si regresaba victorioso. Quienes eran enviados al Minotauro navegaban con velas negras.

42. Teseo ante el Minotauro

1 Tan pronto como Teseo hubo llegado a Creta, Ariadna, hija de Minos, se enamoró de él hasta el punto de traicionar a su hermano y salvar al forastero. Ella, en efecto, mostró a Teseo la salida del laberinto y una vez que hubo entrado y matado

159. Versión que difiere del resto de las tradiciones.

160. O a siete de cada sexo y con periodicidad de nueve años en Plutarco, *Teseo* 15, Ovidio, *Met.* VIII 171 y Diodoro IV 61, 3.

al Minotauro, consiguió salir afuera enrollando un hilo gracias al consejo de Ariadna. Y a ella, como le había mostrado lealtad, se la llevó con la intención de casarse con ella.

43. Ariadna

Teseo, retenido en la isla de Día[161] por una tormenta, meditaba que, si llevaba a Ariadna a su patria, se lo reprocharían, y por ello la abandonó mientras dormía en la isla de Día[162]. Líber se enamoró de ella y se la llevó de allí como esposa[163]. 1

Cuando Teseo se hizo a la mar, se olvidó de cambiar las velas negras y entonces su padre Egeo, creyendo que Teseo había sucumbido al Minotauro, se precipitó al mar que se llamó por ello mar Egeo. 2

Teseo desposó a Fedra, hermana de Ariadna. 3

44. Cócalo

Minos, puesto que le habían ocurrido muchas desgracias por culpa de Dédalo, lo persiguió hasta Sicilia y solicitó al rey Cócalo que se lo entregara. Cócalo se lo prometió, pero Dédalo se enteró y pidió ayuda a las hijas del rey. Ellas asesinaron a Minos. 1

161. Naxos.
162. Cf. Ovidio, *Arte de amar* I 527.
163. Cf. Apolodoro, *Epítome* I 1, 9.

45. Filomela[164]

1 Tereo, un tracio hijo de Marte, tras haber desposado a Procne, hija de Pandión, fue a Atenas junto a su suegro para suplicarle que le diera en matrimonio a su otra hija, Filomela, y le dijo que Procne había muerto[165].

2 Pandión le dio su permiso y envió a Filomela y a unos escoltas con ella. Pero Tereo los arrojó al mar, y a Filomela, a la que había encontrado en un monte, la violó. Nada más volver a Tracia, envió a Filomela junto al rey Linceo, cuya esposa Latusa, condujo de inmediato a la concubina al lado de Procne, puesto que era amiga suya.

3 Cuando Procne reconoció a su hermana y se enteró del impío crimen de Tereo, comenzaron a tramar, en connivencia, devolver tal favor al rey. Entretanto, unos presagios revelaron a Tereo que la muerte de su hijo Itis estaba cerca a manos de un pariente. Al oír esa respuesta, como creía que su hermano Driante maquinaba la muerte de su hijo, asesinó a su hermano inocente.

4 Procne, a su vez, asesinó a Itis, el hijo que tuvo con Tereo, lo sirvió en un banquete y huyó con su hermana.

5 Cuando Tereo se percató del crimen y, mientras estaba persiguiendo a las fugitivas, por compasión de los dioses,

164. Este relato se separa notablemente de la versión tradicional, en la que Filomela va a visitar a su hermana, Tereo la viola, y la encierra tras cortarle la lengua; pero ella envía a su hermana Procne un mensaje bordado en una tela (véase Ovidio, *Met.* VI, 424-674). Además, Higino introduce los personajes de Linceo, Latusa y Driante, desconocidos en el resto de las fuentes. Tal vez haya recogido una versión dramática perdida.

165. Cf. Apolodoro, III 14, 8.

Procne se transformó en golondrina, Filomela en ruiseñor y Tereo, según dicen, en gavilán[166].

46. Erecteo

Erecteo, hijo de Pandión, tuvo cuatro hijas, que juraron dar- 1
se muerte, si una de ellas moría.

Por esa época Eumolpo, hijo de Neptuno, llegó para atacar 2
Atenas, porque decía que la tierra había pertenecido a su padre.

Fue derrotado con su ejército y murió por los atenienses, pero 3
Neptuno, para que Erecteo no se regocijara de la muerte de su
hijo, exigió que una de sus hijas le fuera ofrecida en sacrificio[167].

Así, al ser sacrificada su hija Ctonia, las demás se mataron 4
conforme a su promesa; y, a ruegos de Neptuno, Júpiter gol-
peó con un rayo al propio Erecteo.

47. Hipólito[168]

Fedra, hija de Minos y esposa de Teseo, se enamoró perdi- 1
damente de su hijastro Hipólito[169]. Como no pudo llevar a

166. En casi todos los autores griegos, Procne se transformaba en ruiseñor y Filomela en golondrina, pero en los latinos se produjo una inversión de esas metamorfosis. Por otra parte, Tereo se transforma en abubilla en el resto de las fuentes.
167. En Apolodoro, III, 15, 4, un oráculo le había indicado a Erecteo que sacrificara a una de sus hijas para conseguir la victoria (cf. Higino, *Fáb.* 238, 2; Eurípides, *Ión* 277 ss., donde es el propio Erecteo el que las sacrifica, salvo a Creúsa). En Cicerón, *Tusculanas* I 116, las hijas de Erecteo ofrecen su vida por la salvación de los atenienses. Y, según Cicerón, *Sobre la naturaleza de los dioses* III 19, 50, incluyeron a Erecteo y a sus hijas entre sus dioses.
168. Esta fábula sigue la versión del *Hipólito* de Eurípides.
169. Por obra de Afrodita: Eurípides, *Hip.* 24-28.

cabo su deseo, envió una carta a su esposo en la que decía que Hipólito la había violado y se ahorcó.

2 Al enterarse del asunto, Teseo ordenó a su hijo salir fuera de las murallas de la ciudad y pidió a su padre Neptuno la muerte de su hijo[170]. Cuando Hipólito estaba conduciendo su carro de caballos, un toro surgió del mar de repente y los caballos, desbocados de espanto por su mugido, fueron arrastrando a Hipólito por todas partes y lo mataron.

48. Los reyes de los atenienses

1 Cécrope, hijo de la Tierra; Céfalo, hijo de Deyón; Egeo, hijo de Pandión; Pandión, hijo de Erictonio; Teseo, hijo de Egeo; Erictonio, hijo de Vulcano; Erecteo, hijo de Pandión; Demofonte, hijo de Teseo[171].

49. Esculapio

1 Se dice que Esculapio, hijo de Apolo, resucitó a Glauco[172], hijo de Minos, y a Hipólito. Por eso, Júpiter lo mató con un rayo.

2 Apolo, como no podía hacer daño a Júpiter, mató a los que le habían fabricado los rayos, esto es, los Cíclopes. A causa de esta acción Apolo fue puesto al servicio de Admeto, rey de Tesalia.

170. Teseo había recibido de su padre Posidón la gracia de obtener tres deseos a lo largo de su vida y aún le quedaba uno: cf. Cicerón, *Sobre los deberes* I 32; Séneca, *Fedra* 943 ss.
171. La lista no aparece en orden cronológico: tras Cécrope vendría Erictonio, Pandión I, etc.
172. Pero cf. *Fáb.* 136.

50. Admeto

Como muchos pretendieran en matrimonio a Alcestis, hija 1
de Pelias, y Pelias rechazara a muchos de ellos, les puso una
prueba, prometiendo que se la entregaría a quien unciera
unas bestias salvajes a un carro: ése podría llevarse a la que
quisiera.

Entonces Admeto pidió a Apolo que le ayudara y, como 2
Apolo había sido tratado por él con generosidad cuando es-
tuvo a su servicio, le entregó uncidos un jabalí y un león y,
gracias a ellos, se llevó a Alcestis en matrimonio.

51. Alcestis

Muchos pretendientes solicitaban en matrimonio a Alces- 1
tis, hija de Pelias y Anaxibia, hija de Biante. Pelias, evitan-
do sus ofertas, los rechazaba y estableció una prueba: en-
tregaría –y se llevaría a Alcestis como esposa– a quien unciera
unas bestias salvajes a un carro.

Y así Admeto pidió a Apolo que le ayudara. Por su parte, 2
Apolo, puesto que aquél lo había acogido a su servicio con
generosidad, le entregó uncidos un jabalí y un león y, gra-
cias a ellos, se llevó a Alcestis en matrimonio.

También recibió de Apolo que otro pudiera morir volun- 3
tariamente en su lugar. Como no quisieran morir en su lu-
gar ni su padre ni su madre, su esposa Alcestis se ofreció y,
reemplazándole con su muerte, pereció en su lugar. Después
Hércules la arrancó de los infiernos.

52. Egina

1 Júpiter quería unirse a Egina, hija de Asopo, y como temía a Juno, la llevó a la isla de Delos[173] y la dejó encinta. De esa unión nació Éaco.

2 Cuando Juno lo descubrió, envió una serpiente que envenenó el agua. Si alguien bebía de ella, pagaba su deuda a la naturaleza.

3 Puesto que Éaco no podía, sin aliados, establecerse por falta de hombres, al contemplar unas hormigas, pidió a Júpiter que le diera hombres para su defensa. Entonces Júpiter transformó a las hormigas en hombres, que fueron llamados mirmidones, porque en griego se llama *myrmices* a las 'hormigas'[174].

4 En cambio, la isla tomó el nombre de Egina.

53. Asteria

1 Como Júpiter amaba a Asteria, hija de un Titán y ella lo despreció, la transformó en el ave *ortyx*, a la que nosotros llamamos codorniz, la arrojó al mar y de ella surgió una isla que fue llamada Ortigia.

2 Ésta iba a la deriva. Después el viento Aquilón llevó allí a Latona por orden de Júpiter, cuando era perseguida por Pitón, y allí, agarrándose a un olivo, dio a luz a Apolo y a Diana. La isla después fue llamada Delos.

173. La mención de Delos es sorprendente, pues Egina dio nombre a la isla que hasta entonces llamaban Enone: Apolodoro, III 12, 6.
174. Véase Ovidio, *Met.* VII 614 ss.

54. Tetis

A la Nereida Tetis se le predijo que el hijo que engendrara 1
sería más poderoso que su padre.

Nadie, salvo Prometeo, sabía esto y, ya que Júpiter deseaba 2
yacer con ella, Prometeo prometió hacerle una revelación, si le liberaba de sus cadenas. Así pues, tras haberle dado su palabra, aconsejó a Júpiter no acostarse con Tetis, para que, en el caso de que naciera alguien más poderoso, no lo destronara, como él mismo había hecho con Saturno.

Por consiguiente, Tetis fue entregada en matrimonio a Pe- 3
leo, hijo de Éaco, y se envió a Hércules para matar al águila que devoraba el corazón de Prometeo. Una vez muerta, Prometeo fue liberado del monte Cáucaso después de treinta mil años.

55. Ticio

Como Latona había yacido con Júpiter, Juno ordenó a Ti- 1
cio, hijo de la Tierra[175] de tamaño colosal, que ejerciera violencia contra Latona. Al intentarlo, fue fulminado por Júpiter con un rayo. Se dice que aquél yacía en los infiernos tendido a lo largo de nueve yugadas[176], y que una serpiente[177] fue colocada a su lado para que royera su hígado, que vuelve a crecer con la luna.

175. Cuando Zeus dejó embarazada a Élara, la ocultó en las profundidades de la tierra, de donde salió Ticio: Apolodoro, I 4, 1.
176. Esto es, unos 22.500 m. La yugada era una medida agraria equivalente a unas 0,25 hectáreas (la tierra labrada en un día con una yunta de bueyes).
177. O un par de buitres en Homero, *Od.* XI 576 ss. (uno en Virgilio, *Eneida* VI, 595 ss.). Según Pausanias, X 11, 1, los hijos de Leto fueron los que lo mataron a flechazos.

56. Busiris

1 En Egipto, en los dominios de Busiris, hijo de Neptuno, había un periodo de malas cosechas. Egipto se marchitaba por una sequía de nueve años y el rey convocó a unos adivinos de Grecia. Trasio[178], hijo del hermano de Pigmalión, advirtió a Busiris que caería lluvia, en el caso de que se sacrificara a un extranjero, y demostró la autenticidad de sus promesas con su propia muerte.

57. Estenebea

1 Cuando Belerofonte llegó desterrado al palacio de Preto en busca de hospitalidad, Estenebea, la esposa del rey, se enamoró de él; y, como no quiso acostarse con ella, engañó a su esposo diciéndole que la había violado.

2 Preto, al enterarse, redactó una carta sobre el asunto y envió a Belerofonte ante el rey Yóbates, padre de Estenebea. Aunque leyó la carta, no quiso matar a un hombre de su valía y lo envió para que muriera ante la Quimera, de la cual se decía que exhalaba fuego y tenía tres cabezas.

3 Esto es: «la primera de león, la última de dragón, la del medio de cabra»[179].

4 Montando sobre Pegaso, la mató. Se dice que él se precipitó sobre los campos Aleyos[180] y que, a causa de ello, se

178. Cf. Ovidio, *Arte de amar* I 649. Frasio de Chipre en Apolodoro, II 5, 11.
179. Cf. Lucrecio, V 905, cuyo hexámetro debió ser interpolado por algún copista.
180. En Cilicia.

dislocó la cadera[181]. El rey, alabando sus cualidades viriles, le entregó en matrimonio a su otra hija. Estenebea, al enterarse, se suicidó.

58. Esmirna

Esmirna era hija de Cíniras, rey de los asirios[182], y de Cen- 1
creide. Su madre habló con demasiada arrogancia, porque había preferido la belleza de su hija a la de Venus[183]. Venus, para castigar a su madre, infundió a Esmirna un amor nefando, hasta el punto de desear a su propio padre.

La nodriza intervino, para que no se ahorcara y, por me- 2
dio de la nodriza, se acostó con su padre, sin que él lo supiera[184]. Se quedó embarazada y, atormentada por la vergüenza, se ocultó en los bosques para que el asunto no se hiciera público.

Después Venus sintió lástima de ella y la transformó en el 3
árbol del cual rezuma la mirra[185]. De ella nació Adonis, que continuó expiando las culpas de su madre a manos de Venus.

181. Queda ciego en *Escolio a Licofrón* 17, p. 16; y Tzetzes, *Quiliadas* VII 856. En Homero, *Il.* VI 200-202, Belerofonte viajaba errante odiado (ignoramos por qué). En *Belerofonte*, tragedia perdida de Eurípides, el héroe, envanecido por sus éxitos, pretendió subir a los cielos y Zeus aguijoneó su caballo.
182. Cíniras suele ser mencionado como rey de Chipre.
183. En Apolodoro, III 14, 4, es la propia muchacha la que enfureció a Venus.
184. La nodriza hizo creer a Cíniras que la joven que lo visitaba de noche y a oscuras quería mantener el anonimato. Cuando descubrió el engaño, intentó matar a su hija con una espada: Ovidio, *Met.* 446 ss.
185. Cf. Ovidio, *Met.* X 476 ss.; Antonino Liberal, *Transformaciones* 34, 5.

59. Filis

1 Se dice que Demofonte, hijo de Teseo, llegó a Tracia a casa de Filis en busca de hospitalidad y que fue amado por ella. Como deseaba regresar a su patria, le dio su palabra de que volvería a su lado.

2 Al no haber llegado en el día señalado, se dice que ella fue corriendo ese día hasta la orilla de la playa nueve veces. Por ella, ese lugar en griego se llama Ἐννέα Ὁδοί[186]. Por su parte, Filis exhaló su último aliento a causa de la añoranza que sentía por Demofonte.

3 Cuando sus padres erigieron su tumba, allí nacieron unos árboles que en una estación del año determinada lamentan la muerte de Filis, sus hojas se secan y caen[187]. A partir de su nombre las «hojas» se llaman *phylla* en griego.

60. Sísifo y Salmoneo

1 Sísifo y Salmoneo, hijos de Eolo, fueron enemigos. Sísifo preguntó a Apolo cómo podría matar a su enemigo, esto es, a su hermano. Obtuvo la respuesta de que, en el caso de que engendrara hijos de la unión con Tiro, hija de su hermano Salmoneo, ellos serían sus vengadores.

2 Sísifo lo hizo y nacieron dos hijos, a los que su madre mató, al conocer el oráculo[188].

186. *Innéa Hodoí* ('Nueve Caminos'). Cf. Ovidio, *Remedios del amor* 591.
187. Cf. Servio, *Comentarios a Églogas* V 10, donde se dice que Filis se transformó en almendro.
188. Esta versión en la que el padre no es Posidón, sino Sísifo es exclusiva de Higino.

Pero cuando lo supo Sísifo <...>. Se dice que él ahora 3
en los infiernos, a causa de su impiedad, hace rodar una roca con sus hombros monte arriba, pero cada vez que llega a la cima, retrocede rodando de nuevo hacia abajo detrás de él.

61. Salmoneo

Salmoneo, hijo de Eolo, hermano de Sísifo, por imitar los 1
truenos y los rayos de Júpiter, y, sentado en una cuadriga, arrojar antorchas encendidas contra el pueblo y los ciudadanos, fue fulminado con un rayo por Júpiter.

62. Ixión

Ixión, hijo de Leonteo, intentó violar a Juno. Por orden de 1
Júpiter, ella puso en su lugar una nube e Ixión creyó que era la imagen de Juno. De esa unión nacieron los Centauros[189]. A su vez, Mercurio, por orden de Júpiter, encadenó a Ixión en los infiernos a una rueda, que, según dicen, todavía sigue dando vueltas allí.

63. Dánae

Dánae era hija de Acrisio y de Aganipe. Este recibió el oráculo 1
de que el hijo que diera a luz mataría a Acrisio. Y Acrisio,

189. Sin embargo, véase *Fáb*. 33 y 34.

temeroso, la encerró dentro de un muro de piedra[190]. Pero Júpiter se convirtió en lluvia de oro[191], se acostó con Dánae y de esa unión nació Perseo.

2 A causa del estupro, su padre la encerró en un arca con Perseo y la arrojó al mar.

3 Por deseo de Júpiter fue arrastrada hasta la isla de Sérifos. Cuando el pescador Dictis la encontró, al abrir por la fuerza <el arca>, vio a la mujer con su hijo. Los condujo ante el rey Polidectes, que la tomó por esposa y crió a Perseo en el templo de Minerva[192].

4 Cuando Acrisio supo que ellos vivían en la corte de Polidectes, salió en su busca; pero a su llegada Polidectes intercedió por ellos y Perseo prometió a su abuelo que nunca lo mataría.

5 Acrisio estaba retenido por una tempestad, cuando murió Polidectes. Mientras celebraban juegos fúnebres en su honor, Perseo lanzó un disco, que el viento desvió hasta la cabeza de Acrisio y lo mató.

6 Así, lo que no quiso por voluntad propia, sucedió por obra de los dioses. Después de haberlo sepultado, marchó a Argos y tomó posesión de los dominios de sus antepasados.

190. Una cámara de bronce en Apolodoro, II 4, 1; y una torre en Horacio, *Odas* III 16, 1 ss.

191. Cf. Píndaro, *Pít.* XII 30; Ovidio, *Met.* IV 611.

192. En la tradición más frecuente, el rey Polidectes, hermano de Dictis, es un déspota que pretende los favores de Dánae y, para desembarazarse de Perseo, lo envía en busca de la cabeza de Medusa: cf. Apolodoro, II 4, 1; Ferecides, *Escolio a Argonáuticas* IV 1091; y *Fáb.* 64, 4.

64. Andrómeda

Para Casíope la belleza de su hija Andrómeda era superior a 1
la de las Nereidas. Por ello Neptuno reclamó que Andrómeda, hija de Cefeo, fuera ofrecida a un monstruo marino.

Se dice que Perseo llegó volando allí con las sandalias ala- 2
das de Mercurio y que la liberó del peligro. Como quería llevársela, su padre Cefeo y su prometido Agénor[193] decidieron matarlo en secreto.

Pero él se enteró del complot, puso ante sus ojos la cabeza 3
de la Gorgona y todos ellos, de especie humana, fueron transformados en piedra. Perseo regresó con Andrómeda a su patria.

Polidectes, <cuando> vio el valor tan grande de Perseo, 4
se asustó y decidió matarle por medio de una trampa. Perseo, al enterarse, le enseñó la cabeza de la Gorgona y él, de raza humana, se transformó en roca.

65. Alcíone

Cuando Ceix, hijo de Héspero o Lucífero y de Filónide[194], 1
pereció en un naufragio, su esposa Alcíone, hija de Eolo y Egíale, se precipitó al mar a causa de su amor. Los dioses se compadecieron de ambos y los transformaron en las aves que se llaman alciones[195]. Estas aves hacen su nido, ponen

193. Fineo, hermano de Cefeo, en la versión tradicional: Apolodoro, II 4, 3; Ovidio, *Met.* V 1 ss., donde Cefeo se mantiene neutral.
194. *Vid. Fáb.* 200.
195. Cf. Ovidio, *Met.* XI 410-748. Apolodoro, I 7, 4, ofrece una versión distinta: Ceix y Alcíone se equiparon a Zeus y Hera y fueron convertidos en gaviota y alción, respectivamente.

sus huevos y crían a sus polluelos en el mar durante siete días en invierno. Durante estos día el mar está en calma y los marineros los llaman 'días alcionios'[196].

66. Layo

1 El oráculo de Apolo advirtió a Layo, hijo de Lábdaco, que se guardara de morir a manos de su propio hijo. Y por eso, cuando su esposa Yocasta, hija de Meneceo, dio a luz, ordenó que el niño fuera abandonado.

2 Peribea[197], esposa del rey Pólibo, recogió al niño abandonado cuando estaba lavando ropa a la orilla del mar. Al enterarse Pólibo y, ya que no tenían hijos, lo educaron como propio[198] y lo llamaron Edipo por tener los pies perforados[199].

67. Edipo

1 Después de que Edipo, hijo de Layo y de Yocasta, llegó a la edad viril, era mucho más vigoroso que los demás y, por envidia, sus compañeros le echaban en cara que era hijo adoptivo de Pólibo, por ser Pólibo tan tranquilo y él tan osado.

196. El mar tenía fama de estar calmado las semanas cercanas al solsticio de invierno.
197. Llamada Mérope en Sófocles, *Edipo Rey* 775 y Séneca, *Edipo* 272, 661, 802.
198. Según Apolodoro, III 5, 7, la reina convenció a Pólibo de que era hijo de ambos. En Higino, sin embargo, Pólibo sabe que no es su hijo; y en *Mitógrafos Vaticanos* II 230, el propio rey recoge al niño en un bosque en el que estaba cazando.
199. En griego, Edipo (Οἰδίπους, *Oidípous)* significa etimológicamente 'Pies hinchados'.

Por eso Edipo se dio cuenta de que el reproche tenía algún fundamento.

Así pues, partió a Delfos para averiguar sobre <sus padres. 2
Mientras tanto a Layo>[200] se le anunciaba en prodigios una muerte inminente a manos de su hijo.

Cuando se dirigía a Delfos, Edipo salió a su encuentro, y 3
al ordenarle los escoltas ceder paso al rey, no atendió. El rey espoleó a los caballos y una rueda le aplastó el pie. Edipo, enfurecido, lo sacó del carro y mató, sin saberlo, a su padre[201].

Muerto Layo, gobernó Creonte, hijo de Meneceo. Entre- 4
tanto, la Esfinge, hija de Tifón, que había sido enviada a Beocia, estaba devastando los campos de los tebanos. Ella impuso al rey Creonte una prueba: dijo que, si alguien era capaz de interpretar el enigma que propusiera, se marcharía de allí; pero si, por el contrario, no podía resolver el enigma, lo devoraría y no se iría de sus territorios.

Tras oír esto, el rey lo proclamó por Grecia. Prometió que 5
le daría el trono y a su hermana Yocasta en matrimonio a aquel que resolviera el enigma. Ambicionando el trono, muchos llegaron y fueron devorados por la Esfinge, pero fue Edipo, hijo de Layo, quien interpretó el enigma[202]. La Esfinge se despeñó.

200. Sugerencia de Rose para completar la laguna del texto.

201. Higino sigue la misma tradición de Eurípides, según la cual Edipo mata a su padre antes de llegar a Delfos en una encrucijada, cuando ambos se disponían a consultar el oráculo (Eurípides, *Fenicias* 32-44; *Escolio a Eurípides, Fen.* 44; Diodoro, IV 64, 2-59). Más famosa es la versión de Sófocles, *Edipo Rey* 787-813, según la cual Layo resulta muerto después de que Edipo haya recibido el oráculo y se dirija directamente a Tebas (cf. Apolodoro, III 5, 7-8).

202. Esto es, el celebérrimo acertijo sobre el ser de cuatro, dos y tres patas, referido al hombre en sus diferentes edades: Apolodoro, III 5, 8.

6 Edipo recibió –sin saberlo– el trono paterno y a su madre Yocasta por esposa, con la que engendró a Eteocles, Polinices, Antígona e Ismene. Mientras tanto, por los crímenes de Edipo, se abatió sobre Tebas un periodo de malas cosechas y escasez de comida y, cuando consultaron a Tiresias acerca de la causa del sufrimiento de Tebas, respondió que, si sobrevivía alguien del linaje del dragón y moría por su patria, la liberaría de la plaga[203]. Entonces Meneceo, padre de Yocasta[204], se arrojó desde lo alto de las murallas[205].

7 Mientras esto sucedía en Tebas, en Corinto Pólibo falleció. Cuando lo supo, Edipo empezó a sentirse mal, creyendo que su padre había muerto. Pero Peribea le reveló su adopción; e igualmente el anciano Menetes, quien lo había abandonado, reconoció que era hijo de Layo por las cicatrices de los pies y de los talones.

8 Edipo, al oírlo, después que vio cuántos crímenes abominables había cometido, arrancó las fíbulas del vestido de su madre y se privó de la vista[206], entregó el trono a sus hijos por años alternos y se marchó de Tebas con su hija Antígona como lazarillo.

203. Se refiere a los dientes del dragón sembrados por Cadmo, de donde surgieron los Espartos.
204. En Eurípides, *Fen.* 911 y ss. es hijo de Creonte y se degüella en la muralla; cf. Apolodoro, III 6, 7; Pausanias, IX 25, 1.
205. El asunto de la profecía de Tiresias y la muerte de Meneceo se ha incluido aquí por error, pues se producía en un acontecimiento posterior: la guerra fratricida entre los hijos de Edipo (*vid. Fáb.* 68).
206. Parece darse por sentado que Yocasta ya ha muerto (cf. Sófocles, *Edipo Rey* 1263 ss., con el mismo desenlace, una vez que se ahorca Yocasta). Sin embargo, en la *Fáb.* 242, 19, Higino dice que Edipo se suicidó. Según Homero, *Od.* XI 275 ss., Edipo sigue reinando en Tebas tras descubrirse la verdad. Eurípides, *Fen.* 66-68, relata que, ya ciego, sus hijos varones lo mantuvieron encerrado para que se olvidara el asunto.

68. Polinices

Al cumplirse un año, Polinices, hijo de Edipo, reclamó el 1
trono a su hermano Eteocles, pero éste no quiso cederlo. Entonces Polinices, con la ayuda del rey Adrasto, llegó para asaltar Tebas con siete caudillos.

Allí Capaneo fue golpeado por un rayo cuando estaba trepan- 2
do por la muralla, porque decía que tomaría Tebas en contra del deseo de Júpiter. Anfiarao fue devorado por la tierra[207]; y Eteocles y Polinices se mataron el uno al otro luchando entre sí.

Cuando se les tributaban honras fúnebres en Tebas, aun- 3
que el viento era fuerte, sin embargo el humo nunca salió en una sola dirección, sino que se dividió en dos columnas.

Como los demás atacaran Tebas y los tebanos desconfia- 4
ran de sus fuerzas, el adivino Tiresias, hijo de Everes, anunció que, si alguno de la estirpe del dragón perecía, la ciudad se libraría del desastre. Cuando Meneceo se dio cuenta de que sólo él podía salvar a los ciudadanos, se arrojó desde la muralla y los tebanos alcanzaron la victoria.

Otra versión. A

Polinices, hijo de Edipo, al cumplirse un año, reclamó el 1
trono a su hermano Eteocles con la ayuda de Adrasto, hijo de Tálao. Atacaron Tebas con siete caudillos. Entonces Adrasto huyó gracias a su caballo. Capaneo dijo que tomaría Tebas en contra del deseo de Júpiter y, mientras estaba tre-

207. Por un rayo de Zeus (como él mismo había predicho): *vid.* Apolodoro, III 6, 8; Píndaro, *Nemeas* IX 24 ss. y X 8 ss.; Eurípides, *Suplicantes* 925 ss.; Estacio, *Tebaida* VII 789-823; Diodoro, IV 65, 8; Pausanias, I 34, 2; II 23, 2; IX 8, 3.

pando por la muralla, fue golpeado con un rayo por Júpiter. Anfiarao fue devorado por la tierra con su cuadriga. Eteocles y Polinices se mataron el uno al otro luchando entre sí. Cuando se llevaban a cabo las exequias comunes en su honor en Tebas, el humo se separó puesto que se mataron el uno al otro. Los demás perecieron.

Otra versión. B

1 Polinices, hijo de Edipo, al cumplirse un año, <reclamó a su herm>ano <Eteocles el trono> paterno; pero éste <no qui>so ce<derlo>. <Polinices> llegó <para atacar Tebas>. Entonces Capaneo <fu>e golpea<do con un rayo> por Júpiter, mientras estaba tre<pando> por la muralla, porque decía que él tomaría Tebas en contra del deseo de Júpiter. Anfiarao <fue devorado por la tierra. Eteocles y Polinices, combatiendo el uno con el otro, se matar>on. Cuando se les tributaban honras fúnebres en Tebas, aunque el viento era fuerte, <sin embargo el humo nunca> salió en una sola dirección, sino que se <dividió> en dos <columnas. Cuando los demás> atacaban Tebas, el tebano <...>.

69. Adrasto

1 El oráculo de Apolo anunció a Adrasto, hijo de Tálao y de Eurínome, que desposaría a sus hijas, Argía y Deípila, con un jabalí y un león.

2 Por aquella época Polinices, hijo de Edipo, expulsado por su hermano, llegó ante Adrasto; y casi al mismo tiempo Tideo, hijo de Eneo y de la esclava Peribea, expulsado por su padre por haber matado a su hermano Menalipo en una cacería.

Cuando los sirvientes anunciaron a Adrasto que dos jóve- 3
nes de indumentaria desconocida habían llegado –uno, en efecto, se cubría con la piel de un jabalí y el otro con la de un león–, entonces Adrasto se acordó del oráculo, ordenó que los condujesen ante él y les preguntó por qué habían llegado a su reino con semejante aspecto.

Polinices le respondió que había llegado de Tebas y se ha- 4
bía cubierto con una piel de león, porque Hércules procedía de Tebas y llevaba consigo los emblemas de su estirpe. Por su parte, Tideo dijo ser hijo de Eneo, proceder de Calidón y que por eso se había cubierto con una piel de jabalí, en alusión al jabalí de Calidón.

Entonces el rey, recordando la respuesta del oráculo, le 5
entregó a Polinices a su hija mayor, Argía, y de ella nació Tersandro; y a Tideo le entregó a la menor, Deípila, y de ella nació Diomedes, que luchó en Troya.

Polinices pidió a Adrasto que le prestara un ejército para 6
recuperar el trono paterno, acaparado por su hermano; y Adrasto no sólo le entregó un ejército, sino también él mismo marchó con otros <seis> caudillos, porque siete eran las puertas que cerraban la ciudad de Tebas.

En efecto, Anfión rodeó Tebas con una muralla y levantó 7
siete puertas con el nombre de sus hijas. Éstas fueron Tera, Cleodoxe, Astínome, Asticratía, Quíade, Ogigia y Cloris[208].

Otra versión. A

Adrasto, hijo de Tálao, tuvo <dos hijas, Deípila y Argí>a. 1
Recibió del oráculo de Apolo la respuesta de que entregaría <a sus hijas a un jabalí y a un leó>n. Tideo, <enviado al

208. Los nombres no coinciden exactamente con los que dio en la *Fáb.* 11.

destierro por su padre, porqu>e <había matado> a su hermano Menalipo mientras cazaba, llegó ante Adrasto tapado <con una piel de jabal>í. Al mismo tiem<po Polinices>, hijo <de Edi>po, cubierto <con una piel de le>ón llegó porque <había sido expulsado> del trono por su hermano Eteocles. Adrasto, al verlos, se acordó del oráculo y desposó a Argía con Polinices <y a Deípila con Tideo>.

70. Los siete reyes que partieron a Tebas[209]

1 Adrasto, hijo de Tálao y de Eurínome, hija de Ífito, argivo. Polinices, hijo de Edipo y de Yocasta, hija de Meneceo, tebano. Tideo, hijo de Eneo y de la esclava Peribea, calidonio. Anfiarao, hijo de Oícles –o, como dicen otros autores, de Apolo y de Hipermestra, hija de Testio–, de Pilos. Capaneo, hijo de Hipónoo y de Astínome, hija de Tálao, hermana de Adrasto, argivo. Hipomedonte, hijo de Mnesímaco y de Metídice, hija de Tálao y hermana de Adrasto, argivo. Partenopeo, hijo de Meleagro y de Atalanta, hija de Yasio, desde el monte Partenio, arcadio.

2 Todos estos caudillos perecieron en Tebas, a excepción de Adrasto, hijo de Tálao, que consiguió escapar gracias a su caballo[210]. Después envió armados a los hijos de aquéllos a expugnar Tebas para que vengaran los ultrajes cometidos contra sus padres, porque habían quedado abandonados insepultos por orden de Creonte, hermano de Yocasta, que había tomado el control de Tebas.

209. Cf. Apolodoro, III, 6, 3; Eurípides, *Fen.* 1090 ss.; Estacio, *Teb.* IV 39-248. Eteocles aparece en lugar de Adrasto en Esquilo, *Siete contra Tebas* 380 ss.; y Sófocles, *Edipo en Colono* 1313-1325. En total, las fuentes hablan de nueve caudillos en el ejército de los «Siete».
210. El fabuloso corcel Arión.

Otra versión. A

Adrasto, hijo de Tálao, Capaneo; hijo de Hipó<noo, Anfi>a- 1
rao, hijo de Oícles; Polinices, <hijo de> Edi<po; Tideo>, hijo
<de En>eo, Partenopeo, <hijo> de Atalanta <...>.

71. Los siete epígonos, esto es, los hijos[211]

Egialeo, hijo de Adrasto y de Demoanasa, argivo. El único 1
que pereció de los siete que marcharon. Entregó su vida a cambio de la de su padre, puesto que su padre había sobrevivido. Los otros seis regresaron victoriosos.

Tersandro, hijo de Polinices y de Argía, hija de Adrasto, 2
argivo. Polidoro, hijo de Hipomedonte y de Evanipe, hija de Élato, argivo. Alcmeón, hijo de Anfiarao y de Erifile, hija de Tálao, argivo. Tlesímenes, hijo de Partenopeo y de la ninfa Clímene, de Misia.

Otra versión. A

Egialeo, hijo de Adrasto; Polidoro <hijo de> Hi<pomedon- 1
te>; <Esté>nelo, hijo de Capaneo; Alcmeón, <hijo de> Anf<iarao; Tersandro>, hijo de Polinices; Biantes, hijo de Partenopeo; <y Diomedes, hijo de Tideo>.

211. Apolodoro, III 7, 2 menciona ocho: Alcmeón y Anfíloco (hijos de Anfiarao), Egialeo, Diomedes, Prómaco, Esténelo, Tersandro y Euríalo. En Higino no figura Anfíloco ni Euríalo; aparece Polidoro; y el hijo de Partenopeo es llamado Tlesímenes o Biantes.

72. Antígona[212]

1 Creonte, hijo de Meneceo, ordenó en un bando que nadie diera sepultura a Polinices o a los que lo acompañaron, por haber ido a atacar su patria. Antígona, su hermana, y Argía, su esposa, de noche acarrearon el cuerpo de Polinices en secreto y lo colocaron en la misma pira en la que Eteocles fue sepultado.

2 Al ser sorprendidas por los centinelas, Argía escapó, pero Antígona fue conducida ante el rey. La entregó a su hijo Hemón, su prometido, para que la matara. Hemón, movido por el amor, no acató la orden de su padre, encomendó a Antígona al cuidado de unos pastores y fingió haberla matado.

3 Ella tuvo un hijo y, cuando llegó a la edad viril, fue a Tebas a unos juegos. El rey Creonte lo identificó, porque todos los de la estirpe del dragón[213] tenían una marca en el cuerpo[214]. Aunque Hércules intercedió en favor de Hemón para que le perdonase, no consiguió nada; y Hemón mató a su esposa Antígona y se suicidó.

4 Creonte, por su parte, dio en matrimonio a su hija Mégara a Hércules. Sus hijos fueron Terímaco y Ofites.

212. El relato de Higino, que se separa notablemente de la versión tradicional ofrecida por la *Antígona* de Sófocles, podría estar inspirado en una tragedia perdida de Eurípides.
213. Creonte descendía del Esparto Equión, uno de los guerreros que brotaron de los dientes del dragón muerto por Cadmo: *vid. Fáb.* 178, 5-6.
214. Una lanza según Plutarco, *Sobre el retraso de la venganza divina* 563 A; Dión Crisóstomo, *Discursos* IV 23.

73. Anfiarao, Erifile y Alcmeón

El adivino Anfiarao, hijo de Oícles y de Hipermestra, hija 1
de Testio, sabía que, si iba a atacar Tebas, no regresaría. Por ello se escondió[215] con la complicidad de su esposa Erifile, hija de Tálao.

Para descubrirlo, Adrasto hizo un collar de oro y gemas 2
y se lo regaló a su hermana Erifile, que, ansiosa por el regalo, traicionó a su esposo[216]. Anfiarao encargó a su hijo Alcmeón castigar a su madre tras su muerte.

Después que aquél fue devorado por la tierra en Tebas, 3
Alcmeón se acordó de la orden de su padre y mató a su madre Erifile. A continuación le persiguieron las Furias.

74. Hipsípila

Los siete caudillos que iban a asaltar Tebas llegaron a Nemea, 1
donde Hipsípila, hija del rey Toante[217], estaba criando como esclava al niño Arquémoro u Ofites[218], hijo del rey Lico. Un oráculo le había advertido que no dejase al niño en el suelo hasta que pudiese andar.

215. Cf. Estacio, *Teb.* III 566-597. Otros dicen que se negaba a ir e intentaba disuadir a los demás revelándoles cuál sería su suerte: Apolodoro, III 6, 2.
216. En el resto de las fuentes el collar se lo regaló Polinices. Fabricado (junto con un peplo) por Hefesto, fue el principal regalo que recibió Harmonía en sus bodas con Cadmo: cf. Apolodoro, III 4, 2; *Escolio a Píndaro, Pít.* III 167 ss.; Diodoro, IV 65, 5 y V 49, 1.
217. Licurgo en Apolodoro, III 6, 4.
218. Normalmente, es llamado Ofeltes y, al morir, recibe el nombre de Arquémoro que sugiere «el comienzo del destino», es decir, la primera muerte que se produce en la expedición de los «Siete». Cf. Baquílides, *Epinicios* IX 12.

2 Entonces los siete caudillos que iban a Tebas llegaron buscando agua hasta donde estaba Hipsípila y le pidieron que se la ofreciera. Ella temía dejar al niño en el suelo y lo puso en un apio altísimo que había junto a la fuente.

3 Mientras les estaba llevando agua, la serpiente que custodiaba la fuente se comió al niño[219]. Adrasto y los demás la mataron, pidieron a Lico clemencia para Hipsípila y establecieron en honor del niño unos juegos fúnebres. Se celebran cada cuatro años[220] y en ellos los vencedores reciben una corona de apio.

75. Tiresias[221]

1 Se dice que el pastor Tiresias, hijo de Everes, golpeó con su cayado a unas serpientes –otros dicen que las pisó– mientras copulaban en el monte Cileno. Por ese motivo se convirtió en mujer. Más tarde, aconsejado por un oráculo, pisó en el mismo lugar a las serpientes y recuperó su aspecto primitivo.

2 Al mismo tiempo se produjo entre Júpiter y Juno una divertida disputa sobre quién recibía más placer en el acto amoroso, si el hombre o la mujer. Tomaron por árbitro a Tiresias, que había gustado de ambos.

219. O lo golpea con la cola en Estacio, *Teb.* V 713 ss.

220. Un error, pues los Juegos Nemeos, al igual que los Ístmicos, eran bianuales (*vid. Fáb.* 2, 5).

221. La versión de esta fábula se remonta a Hesíodo, según dice Apolodoro, III 6, 7. Cf. Ovidio, *Met.* III 316-338; Antonino Liberal, *Transformaciones* 17, 5; Lactancio Plácido, *Comentarios a la Tebaida de Estacio* II 95; *Mitógrafos Vaticanos* II 84. Para otra versión: cf. Calímaco, *El baño de Palas* 57-133.

Como él fallara en favor de Júpiter[222], Juno irritada lo dejó 3
ciego de un revés. A causa de ello, Júpiter hizo que viviera durante siete generaciones y destacara como adivino entre el resto de los mortales.

76. Los reyes de los tebanos

Cadmo, hijo de Agénor; Anfión, hijo de Júpiter; Polidoro, 1
hijo de Cadmo; Layo, hijo de Lábdaco, Penteo, hijo de Equión; Creonte, hijo de Meneceo; Edipo, hijo de Layo; Polinices, hijo de Edipo; Lico, hijo de Neptuno; Eteocles, hijo de Edipo; Zeto, hijo de Júpiter; Lábdaco, hijo de Polidoro.

77. Leda

Júpiter, transformado en cisne, se unió a Leda junto al río 1
Eurotas y de él engendró a Pólux y a Helena; de Tindáreo engendró a Cástor y a Clitemnestra.

78. Tindáreo

Tindáreo, hijo de Ébalo, procreó de Leda, hija de Testio, a 1
Clitemnestra y Helena[223]. Entregó a Clitemnestra por esposa a Agamenón, hijo de Atreo. Llegados desde sus ciudades, muchos pretendientes pedían en matrimonio a Helena por su espléndida belleza.

222. Que defendía el mayor goce de la mujer.
223. En contradicción con lo dicho en la fábula anterior.

2 Tindáreo recelaba que Agamenón repudiara a su hija Clitemnestra y temía que, por ese motivo, surgiera alguna discordia. Aconsejado por Ulises, se obligó por medio de un juramento y dejó a Helena la decisión de poner una corona a aquel con quien quisiera casarse.

3 Ella la puso sobre Menelao, Tindáreo se la dio por esposa y, a su muerte, entregó el trono a Menelao.

79. Helena

1 Teseo, hijo de Egeo y de Etra, hija de Piteo, y Pirítoo, hijo de Ixión, raptaron a la joven Helena[224], hija de Tindáreo y de Leda, mientras estaba haciendo un sacrificio en el templo de Diana, y se la llevaron a Atenas a una aldea del Ática.

2 Júpiter al ver que su audacia era tan grande como para exponerse al peligro, en un sueño, mandó que ambos solicitaran a Plutón el matrimonio de Proserpina con Pirítoo[225]. Descendieron a los infiernos a través de la isla de Ténaro[226], revelaron a Plutón por qué razón habían ido y fueron abatidos y torturados por las Furias durante mucho tiempo.

3 Hércules llegó allí para capturar al perro de tres cabezas, imploraron su ayuda y Plutón le permitió sacarlos sanos y salvos[227].

224. Según Apolodoro, *Epítome* I 23, era todavía una niña de doce años, mientras que Teseo tenía cincuenta (Plutarco, *Teseo* 31).
225. Éste es el único pasaje en el que se ofrece un motivo de tan temeraria acción.
226. En realidad, una península (hoy cabo Matapán).
227. Aunque en la versión más conocida Hércules sólo consigue rescatar a Teseo: Apolodoro, II 5, 12; *Epítome* I 23. Por su parte, en Diodoro, IV 63, 5, no pudo regresar ninguno de los dos.

Cástor y Pólux combatieron por Helena y capturaron a Etra, madre de Teseo, y a Fisadia[228], hermana de Pirítoo, y las entregaron a su hermana como esclavas. 4

80. Cástor

Idas y Linceo, hijos de Afareo, obtuvieron de los mesenios 1
a Hilaíra y Febe, hijas de Leucipo, como prometidas. Pero como ellas eran unas doncellas hermosísimas –Febe, sacerdotisa de Minerva e Hilaíra de Diana–, Cástor y Pólux, inflamados por el deseo, las raptaron.

Aquéllos, al perder a sus prometidas, cogieron las armas 2
por si podían recuperarlas[229]. Cástor mató a Linceo en combate; y ante la pérdida de su hermano Idas se olvidó de la guerra y de su prometida y comenzó a dar sepultura a su hermano.

Mientras colocaba sus huesos en una columna, apareció 3
Cástor y prohibió que se le erigiese un monumento, porque decía que lo había vencido como a una mujer. Indignado, Idas atravesó a Cástor en la ingle con la espada que llevaba ceñida. Otros dicen que, al edificar la columna, se lanzó sobre Cástor y así lo mató.

Cuando se lo anunciaron a Pólux, acudió corriendo y de- 4
rrotó a Idas en un solo combate, recuperó el cuerpo de su hermano y le dio sepultura. Pero, como recibiese una estre-

228. Llamada Tisiadia en *Fáb.* 92, 5.
229. Cf. Teócrito, *Idilios* XXII 137-211 y Ovidio, *Fastos* V 699-714. En cambio ni Apolodoro, III 11, 2, ni Píndaro, *Nemeas* X 55 ss., dicen que los Afaridas aspiraran a casarse con sus primas, ni que fueran privados de sus novias.

lla de Júpiter y a su hermano no se la diera, ya que Júpiter decía que Cástor y Clitemnestra habían nacido de la semilla de Tindáreo, mientras que él y Helena eran hijos de Júpiter; entonces Pólux rogó que le permitiera compartir el don con su hermano.

5 Júpiter se lo concedió[230] y por ello se dice «rescatado por una muerte alterna»[231]. Los romanos también conservan esta costumbre: cuando hacen salir a un jinete en el circo y él solo, con un píleo en la cabeza[232], monta dos caballos, saltando de uno a otro, en cuanto al hecho de que desempeña su papel y el de su hermano[233].

81. Los pretendientes de Helena

1 Antíloco, Ascálafo, Áyax Oileo, Anfímaco, Anceo, Blaniro*, Agapénor, Áyax Telamonio, Clitio el ciáneo, Menelao, Patroclo, Diomedes, Peneleo, Femio, Nireo, Polipetes, Elefénor, Eumelo, Esténelo, Tlepólemo, Protesilao, Podalirio, Eurípilo, Idomeneo, Leonteo, Talpio, Políxeno, Prótoo, Menesteo, Macaón, Toante, Ulises, Fidipo, Meríones, Meges, Filoctetes. Los antiguos mencionan otros.

230. Y así, son inmortales en días alternos, estando un día en el cielo y otro en la tierra: cf. Píndaro, *Nem.* X 59 ss.; *Pít.* XI 93-96; Higino, *Astronomía* II 22; Apolodoro, III 11, 2. O un día en el cielo y otro en los infiernos: Homero, *Od.* XI 298-304.
231. Tomado de un verso de Virgilio, *Eneida* VI 121.
232. El píleo era un sombrero de fieltro asociado a los libertos.
233. El autor conecta este mito con los populares espectáculos circenses ejecutados por los *desultores*, jinetes que realizaban todo tipo de acrobacias; su principal habilidad era montar dos caballos a la vez.

82. Tántalo

Tántalo, hijo de Júpiter y de Pluto, engendró a Pélope de Dione. 1

Júpiter solía confiar sus planes a Tántalo y lo admitía en 2 los banquetes de los dioses, pero Tántalo se los contó a los hombres[234]. Por esto, se dice que está en los infiernos con el agua hasta la mitad del cuerpo y siempre sediento y que, cuando quiere tomar un sorbo de agua, el agua se retira.

También cuelgan frutas sobre su cabeza, pero cuando in- 3 tenta cogerlas, sus ramas retroceden movidas por el viento. Además pende sobre su cabeza una enorme roca y siempre teme que vaya a desplomarse sobre él[235].

83. Pélope

Cuando Pélope, hijo de Tántalo y de Dione, hija de Atlas, 1 fue descuartizado por Tántalo en un banquete de los dioses, Ceres se comió un brazo. Recobró la vida por la voluntad de los dioses, pero, al recomponer el resto de sus miem-

234. Cf. Eurípides, *Orestes* 10; Apolodoro, *Epítome* II 1; Diodoro, IV 74; Ovidio, *Met.* VI 213 ss. Además, robó el néctar y la ambrosía que los dioses compartían con él: cf. Píndaro, *Olímpicas* I 59 ss.; Apolodoro, l. c. En otra versión, quizás la más conocida, descuartizó a su hijo Pélope para probar a los dioses: cf. Píndaro, l. c.; Apolodoro, *Epít.* II 3; Séneca, *Tiestes* 144 ss.; Higino, *Fáb.* 83.

235. Aunque Homero, *Od.* XI 582-592, no menciona el tormento de la piedra. Esta versión se remonta a la lírica y épica arcaicas y aparece después en Píndaro, *Ol.* I, 57.58; *Ístmicas* VIII 9-10; Eurípides, *Orestes* 4-10; Pausanias, X 31, 12.

bros, el hombro no estaba completo y Ceres ajustó una pieza de marfil en su lugar.

84. Enómao

1 Enómao, hijo de Marte y de Astérope, hija de <Atlas>, consiguió en matrimonio a Evárete[236], hija de Acrisio. De ella engendró a Hipodamía, una doncella de belleza extraordinaria, pero no la daba a nadie en matrimonio, porque un oráculo le había respondido que se guardara de morir a manos de su yerno[237].

2 Por ello, como muchos la pretendían en matrimonio, estableció una prueba: se la entregaría a aquel que compitiera con él en una carrera de cuadrigas y resultara vencedor (pues poseía unos caballos[238] más veloces que el aquilón), pero, si resultaba vencido, lo mataría.

3 Tras haber muerto muchos, Pélope, hijo de Tántalo, llegó en último lugar. Clavadas sobre las puertas, vio las cabezas de los pretendientes que habían pedido a Hipodamía como esposa y, temiendo la crueldad del rey, comenzó a arrepentirse[239].

4 Por ello persuadió a Mírtilo, el auriga Enómao, con la promesa de entregarle la mitad del reino si le ayudaba[240]. Mírtilo le dio su palabra y unció el carro, sin ajustar los pernos

236. Personaje desconocido en el resto de las fuentes.
237. O porque estaba enamorado de su propia hija: cf. Apolodoro, *Epít.* II 4; Higino, *Fáb.* 253.
238. Un regalo de Ares, según Apolodoro, *Epít.* II 5.
239. Esto sólo lo menciona Higino.
240. Versión exclusiva de Higino, frente a la otra más conocida según la cual Mírtilo se implicaba por amor a Hipodamía (Apolodoro, *Epít.* II 7).

en las ruedas. Así pues, al lanzarse al galope, los caballos destrozaron el inestable carro de Enómao.

Cuando Pélope regresaba a casa victorioso en compañía 5
de Hipodamía y de Mírtilo, pensó que lo sucedido sería una vergüenza para él y no quiso cumplir su palabra con Mírtilo, empujándolo al mar que por él fue llamado Mirtoo[241]. Llevó a Hipodamía hasta su patria, que se llama Peloponeso[242], y allí engendró de Hipodamía a Hipalco, Atreo y Tiestes[243].

85. Crisipo

En los juegos de Nemea, Layo, hijo de Lábdaco, raptó a Cri- 1
sipo, hijo bastardo de Pélope[244], a causa de su magnífica belleza. Pélope lo rescató en una guerra. Atreo y Tiestes lo asesinaron por instigación de su madre Hipodamía. Cuando Pélope acusó a Hipodamía, ella se suicidó.

86. Los Pelópidas

Tiestes, hijo de Pélope y de Hipodamía, fue expulsado del rei- 1
no por Atreo, porque se acostó con su esposa Aérope[245]. Pero

241. Al sur de Eubea.
242. Apolodoro, *Epít.* II 8-9, precisa que Mírtilo maldijo a Pélope y que el Peloponeso hasta entonces se llamaba Apia y Pelasgiótide.
243. Apolodoro, *Epít.* II, 10, nombra a Piteo, Atreo y Tiestes.
244. Cf. Plutarco, *Historias griegas y romanas* 313 E.
245. Apolodoro, *Epít.* II 11, cuando un oráculo prescribió a los micenios que eligieran rey a un Pelópida, hicieron venir a Atreo y Tiestes. Tiestes propuso que se nombrara rey al que tuviera un cordero de oro. Atreo aceptó, porque había aparecido uno en sus rebaños, pero desconocía que su

aquél envió, para que matase a Atreo, a Plístenes, el hijo de Atreo, a quien había criado como suyo. Atreo, creyendo que era el hijo de su hermano, lo asesinó imprudentemente.

87. Egisto

1 Un oráculo respondió a Tiestes, hijo de Pélope y de Hipodamía, que el hijo que engendrara con su propia hija Pelopia, lo vengaría de su hermano. Cuando oyó esto <...> un niño nació y Pelopia lo abandonó[246]. Unos pastores lo encontraron y lo pusieron debajo de una cabra para que lo amamantara. Fue llamado Egisto, porque en griego 'cabra' se dice *aega*.

88. Atreo

1 Atreo, hijo de Pélope y de Hipodamía, como ansiaba castigar a su hermano Tiestes por sus ultrajes, se reconcilió con él y lo hizo volver a su reino. Mató a sus hijos, los infantes Tántalo y Plístenes[247], y se los ofreció a Tiestes en un banquete.
2 Mientras comía, Atreo ordenó llevar los brazos y las cabezas de los niños. Por este crimen incluso el Sol desvió su carro[248].

mujer Aérope había robado el animal y se lo había entregado a Tiestes, su amante. A continuación interviene Zeus cambiando el curso del sol a favor de Atreo, quien recibe el trono y envía a Tiestes al exilio.

246. Cf. Apolodoro, *Epít.* II 14.

247. *Vid. Fáb.* 246. En Apolodoro, *Epít.* II 13, se llaman Aglao, Orcómeno y Calileonte.

248. Cf. *Fáb.* 258; Séneca, *Tiestes* 784 ss.

3 Tiestes, al conocer el abominable crimen, huyó a la corte del rey Tesproto, donde se dice que se halla el lago Averno; y de ahí llegó a Sición, donde Pelopia, la hija de Tiestes, había sido puesta a buen recaudo. Por casualidad se presentó allí de noche, cuando estaban realizando sacrificios a Minerva, y temiendo profanar los ritos, se ocultó en el bosque.

4 Pelopia resbaló cuando conducía los coros de danza y se manchó el vestido con la sangre de un animal sacrificado, fue hasta el río y, mientras intentaba lavar la mancha de sangre, se quitó la túnica manchada. Tiestes se precipitó fuera del bosque con la cabeza cubierta. Durante la violación, Pelopia le quitó la espada de la vaina y, al regresar al templo, la escondió bajo el pedestal de la estatua de Minerva. Al día siguiente, Tiestes pidió al rey que le enviara de regreso a su patria, Lidia.

5 Entretanto, a causa del crimen de Atreo, en Micenas comenzó un periodo de malas cosechas y escasez de comida. Entonces el oráculo respondió que hiciera volver a Tiestes al reino.

6 Fue junto al rey Tesproto, pensando que Tiestes vivía allí, se fijó en Pelopia y pidió a Tesproto, creyendo que era hija suya, que se la diera en matrimonio. Tesproto, para que no hubiera ninguna sospecha, le entregó a Pelopia, que ya había concebido a Egisto de su padre Tiestes.

7 Ella fue junto a Atreo, dio a luz a Egisto y lo abandonó, pero unos pastores lo pusieron debajo de una cabra y Atreo ordenó buscarlo por todas partes y educarlo como suyo.

8 Entretanto, Atreo envió a sus hijos Agamenón y Menelao a buscar a Tiestes y ellos se dirigieron a Delfos para informarse[249]. Casualmente, Tiestes había llegado allí para con-

249. Toda esta parte de la leyenda, desde la búsqueda de Tiestes hasta el reconocimiento de Egisto (8-11), sólo nos la transmite Higino.

sultar el oráculo sobre cómo vengarse de su hermano[250]. Lo arrestaron y lo condujeron ante Atreo, que ordenó encarcelarlo. Llamó a Egisto, creyendo que era su hijo, y lo envía a matar a Tiestes.

9 Cuando Tiestes vio a Egisto con la espada que portaba y la identificó con la que había perdido durante la violación, preguntó a Egisto dónde la había conseguido. Él respondió que se la había entregado su madre Pelopia y ordenó que fuesen a buscarla.

10 Ella le respondió que se la quitó a un desconocido que la violó por la noche y que de esa violación concibió a Egisto. Entonces, Pelopia se apoderó de la espada y, fingiendo reconocerla, la hundió en su pecho.

Egisto sacó la espada manchada de sangre del pecho de su madre y se la llevó a Atreo. Pensando que Tiestes había muerto, se alegró, pero Egisto lo mató mientras hacía un sacrificio junto a la orilla del mar y regresó con su padre Tiestes al reino de sus antepasados.

89. Laomedonte

1 Dicen que Neptuno y Apolo levantaron las murallas de Troya[251]. El rey Laomedonte hizo el voto de que el ganado que

250. Frente al relato de la *Fáb.* 87, aquí da la impresión de que el incesto se produjo sin que ninguna de las partes fuera consciente de ello, pues Tiestes parece ignorar la predicción del oráculo.

251. Cf. Homero, *Il.* VII 452 ss. Zeus los castigó a servir a Laomedonte durante un año por haber intentado encadenarlo en compañía de Hera (*Il.* I 397-406). Éaco les habría ayudado a levantar el muro para que se pudiera cumplir el destino de Troya, pues sólo si participaba un mortal la ciudad dejaría de ser inexpugnable (Píndaro, *Ol.* VIII 30 ss.).

naciera ese año en su reino sería sacrificado en su honor. Por avaricia, no cumplió esa promesa. Otros dicen que les prometió oro.

Por ello Neptuno envió un monstruo marino para devastar Troya[252]; y por esa razón el rey envió a consultar el oráculo de Apolo, quien, irritado, respondió así: la plaga cesaría si las doncellas troyanas eran encadenadas para el monstruo. 2

Muchas habían sido devoradas y, al tocarle el turno a Hesíone, fue encadenada a las rocas. Hércules y Telamón llegaron allí, cuando los Argonautas iban a la Cólquide[253], y mataron al monstruo[254]. Devolvieron a Hesíone a su padre con la condición de que, cuando regresaran, se la llevarían consigo a su patria, así como los caballos que avanzan sobre las aguas y las espigas[255]. 3

Laomedonte volvió a mentir y no quiso entregar a Hesíone; y por ello Hércules equipó unas naves y llegó hasta ellos para atacar Troya, mató a Laomedonte y dio el trono a su hijo Podarces[256], un niño que después fue llamado Príamo ἀπὸ τοῦ πρίασθαι[257]. 4

252. Cf. Virgilio, *Geórgicas* I 502; Horacio, *Odas* III 3, 21 ss.; Ovidio, *Met.* XI 205 ss.; Servio, *Comentarios a la Eneida* VIII 157.
253. Hesíone es una de las muchas troyanas entregadas al monstruo sólo en este pasaje de Higino y en Valerio Flaco, II 483 ss., quienes además colocan el asunto en el viaje de ida de los Argonautas (cf. Diodoro IV, 42, 1-6).
254. En el *Escolio a Licofrón*, 34 y Sexto Empírico, *Contra los matemáticos* I 255, Hércules se introdujo dentro del monstruo, a través de sus fauces, se pasó tres días acuchillándole y salió después de su interior totalmente calvo.
255. Entregados por Zeus a Tros, padre de Laomedonte, en compensación por el rapto de Ganimedes (Homero, *Il.* V 265 ss.; *Himno homérico a Afrodita* 210-212). El detalle de que corrían sobre las aguas y las espigas sólo aparece en Higino.
256. Porque se compadeció del niño, según Séneca, *Troyanas* 718 ss.
257. *Apò toû príasthai*, esto es, '(deriva) de comprar'. Cf. Apolodoro, II 6, 4; y *Escolio a Licofrón* 34. Hércules, tras la muerte de Laomedonte, permi-

5 Recobró a Hesíone y se la concedió a Telamón en matrimonio. De ella nació Teucro.

90. Los hijos e hijas de Príamo hasta el número de 54[258]

1 Héctor, Deífobo, Cebríones, Polidoro, Héleno, Alejandro, Hiposido, Antínoo, Agatón, Dío.
2 Méstor, Líside, Polímena, Ascanio, Quirodamante, Evágoras, Dríope, Astínomo, Polimeto, Laódice.
3 Etiónome, Fegea, Henicea, Demnosia, Casandra, Filomela, Polites, Troilo, Palemón, Brisonio.
4 Gorgitión, Protodamante, Areto, Dolón, Cromio, Éreso, Crisolao, Demostea, Dóriclo, Hípaso.
5 Hipíroco, Lisianasa, Ilíona, Nereide, Evandro, Proneo, Arquémaco, Hílago, Axión, Biantes.
6 Hipótroco, Deyopites, Medusa, Hero, Creúsa.

91. Alejandro Paris

1 Príamo, hijo de Laomedonte, tuvo muchos hijos de su unión con Hécuba, hija de Ciseo o de Dimante. Durante un embarazo su mujer soñó que paría un tizón en llamas del que salían muchísimas serpientes[259].

tió a Hesíone quedarse con un prisionero y ella eligió a su hermano Podarces, el único superviviente, y por ello fue llamado Príamo ('Comprado').

258. Sin embargo, figuran 55 nombres, lo que coincide con el catálogo de Apolodoro, III 12, 5

259. Aunque el asunto del tizón es muy popular, el motivo de las serpientes sólo está en Higino.

Cuando contó esa visión a todos los expertos, ordenaron que 2
diera muerte a quienquiera que fuese al que pariera, para que no causara la ruina de su patria[260].

En cuanto Hécuba dio a luz a Alejandro, fue entregado 3
para que le dieran muerte, pero los sirvientes se compadecieron de él y lo abandonaron[261]. Fue encontrado por unos pastores que criaron al niño abandonado como suyo y lo llamaron Paris[262].

Cuando llegó a la edad viril, tenía un aprecio especial por 4
un toro. Unos sirvientes fueron enviados allí por Príamo en busca de un toro que sería ofrecido en un certamen fúnebre en su honor y decidieron llevarse el toro.

Los persiguió y les preguntó adónde lo llevaban. Le ex- 5
plicaron que se lo llevaban a Príamo <para aquel> que venciera en los juegos fúnebres en honor de Alejandro. Movido por el cariño que tenía a su toro, bajó a competir y triunfó en cada una de las pruebas, incluso venció a sus propios hermanos[263].

Deífobo, indignado, empuñó contra él su espada, pero 6
Alejandro saltó sobre el altar de Júpiter Herceo[264]. Como

260. En Eurípides, *Andrómaca* 296-300, es Casandra la que aconseja matar al niño, pero eso contradice la versión tradicional que hace a Casandra menor que Paris.

261. Para la exposición de Paris: cf. Eurípides, *Andrómaca* 293; *Troyanas* 919; Cicerón, *Acerca de la adivinación* I 21, 42.

262. Apolodoro, III 12, 5, dice que, por proteger a los rebaños y repeler a los ladrones, se le dio el nombre de Alejandro, a partir de *aléxô,* 'proteger'.

263. Los juegos aparecen en otras fuentes, pero el detalle del toro sólo está en Higino.

264. Sobrenombre del dios, que, como protector del hogar y la familia, solía tener un altar en el patio de las casas (cf. Sófocles, *Antígona* 487).

Casandra adivinó que era su hermano[265], Príamo lo reconoció y lo acogió en el palacio real[266].

92. El juicio de Paris

1 Se dice que Júpiter en la boda de Tetis con Peleo invitó al banquete a todos los dioses, salvo a Eris, esto es, la Discordia. Ella se presentó después y, al no ser admitida al banquete, desde las puertas arrojó entre los invitados una manzana y dijo que la cogiera la diosa más hermosa[267].

2 Juno, Venus y Minerva intentaron atribuirse tal galardón y surgió una gran discordia entre ellas. Júpiter mandó a Mercurio que las acompañara junto a Alejandro Paris en el monte Ida y que ordenara a éste actuar como juez.

3 Juno le prometió que, si fallaba a su favor, reinaría en todo el mundo y sería mucho más rico que los demás. Minerva que, si salía de allí victoriosa, sería el más fuerte entre los mortales y experto en todas las artes; Venus, en cambio, prometió darle en matrimonio a la más bella de todas las mujeres, a Helena, hija de Tindáreo.

4 Paris prefirió este último don a los anteriores y sentenció que Venus era la más hermosa. Por ello Juno y Minerva fueron enemigas de los troyanos.

5 Alejandro, por instigación de Venus, se llevó a Helena a Troya desde el palacio de su anfitrión, el lacedemonio Me-

265. Lo que implica que todavía se creía en sus dotes proféticas: cf. *Fáb.* 93.

266. En Servio, *Comentarios a la Eneida* V 370, se le identifica gracias a una medalla.

267. El asunto de la manzana, con o sin inscripción, es tardío: aparece primero en Apolodoro, *Epít.* III 2; Luciano, *Diálogos marinos* V 1; Apuleyo, *Metamorfosis* X 35; etc.

nelao, y la desposó en presencia de sus dos criadas Etra y Tisiadia. Éstas, en otro tiempo reinas, le habían sido entregadas por Cástor y Pólux como esclavas[268].

93. Casandra

Se dice que Casandra, hija de Príamo y de Hécuba, se dur- 1
mió profundamente, cansada de jugar en el templo de Apolo. Aunque Apolo quería unirse a ella, no le consintió gozar de su cuerpo. Por ese motivo, aunque pronosticaba hechos verídicos, Apolo procuró que no la creyeran[269].

94. Anquises

Dicen que Venus amaba a Anquises, hijo de Asáraco, y que 1
con él se acostó y engendró a Eneas[270]. Le aconsejó que no se lo contara a nadie, pero Anquises se lo contó a sus amigos durante una borrachera. Por ello fue golpeado por Zeus con un rayo[271]. Algunos dicen que murió por causas naturales[272].

268. Cf. *Fáb.* 79, 4.
269. Higino combina aquí datos de dos versiones diferentes: la versión del rechazo de Casandra a las pretensiones amorosas de Apolo (cf. Esquilo, *Agamenón* 1202-1212; Apolodoro, III 12, 5; Servio, *Comentarios a la Eneida* II 247), con otra en la que se relata que, en la fiesta de cumpleaños de Casandra y su gemelo Héleno, dejaron olvidados a los niños en el templo de Apolo. Unas serpientes les lamieron los oídos y así ambos adquirieron el don de la profecía (cf. *Escolio a Homero, Ilíada* VII 44).
270. Cf. Homero, *Il.* II 802; V 311-313.
271. Cf. *Himno homérico a Afrodita* V.
272. Cf. Virgilio, *Eneida* III 710 ss., Anquises huyó de Troya con su hijo y murió en la ciudad de Drépano.

95. Ulises

1 Cuando Agamenón y Menelao, hijos de Atreo, conducían a los caudillos conjurados para atacar Troya, llegaron a la isla de Ítaca junto a Ulises, hijo de Laertes. Un oráculo le había predicho que, si iba a Troya, regresaría a su casa pobre, sólo y sin compañeros veinte años después.

2 Por lo tanto, al enterarse de que unos emisarios iban a presentarse ante él, fingió estar loco, se puso un gorro y unció al arado un caballo y un buey[273]. Palamedes, nada más verlo, se dio cuenta de que fingía, sacó a su hijo Telémaco de la cuna, lo puso debajo del arado y dijo «deja de fingir y únete a los conjurados». Entonces Ulises dio la palabra de que iría. Ése fue el motivo de su enemistad con Palamedes.

96. Aquiles[274]

1 La Nereida Tetis sabía que si su hijo Aquiles, al que había engendrado de Peleo, iba a atacar Troya perecería y lo encomendó al rey Licomedes en la isla de Esciros. Éste lo mantenía entre sus hijas vírgenes vestido de mujer y con otro nombre; de hecho las doncellas lo llamaban Pirra por sus cabellos dorados, ya que en griego 'pelirrojo' se dice *pyrrhón*[275].

2 Cuando los aqueos descubrieron que se ocultaba allí, enviaron unos heraldos al rey Licomedes a fin de rogarle que

273. En Apolodoro, *Epít.* III 7, dejó de fingir locura cuando Palamedes hizo ademán de matar al niño con su espada.
274. Esta fábula integra el mejor resumen del mito de Aquiles en Esciros.
275. Este detalle lo recoge Rubens en su cuadro *Aquiles descubierto entre las hijas de Licomedes* (Museo del Prado).

lo enviara para ayudar a los dánaos. Pero el rey negó que estuviera en su hogar y les autorizó registrar el palacio.

Como no eran capaces de distinguir quién era Aquiles, 3
Ulises puso regalos femeninos en el vestíbulo del palacio y, entre ellos, un escudo y una lanza. Ordenó que se hiciera resonar una trompeta de repente y se oyera griterío y jaleo de armas.

Aquiles, creyendo que se acercaba algún ejército enemi- 4
go, desgarró sus ropas de mujer y asió el escudo y la lanza. De este modo fue reconocido y prometió a los argivos su ayuda y sus soldados, los mirmidones.

97. Los que fueron a atacar Troya y cuántas naves aportaron[276]

Agamenón, hijo de Atreo y de Aérope, de Micenas, 100 na- 1
ves. Menelao, su hermano, de Micenas, 60 naves.

Fénix, hijo de Amíntor, argivo, 50 naves. Aquiles, hijo de 2
Peleo y de Tetis, de la isla de Esciros, 60 naves. Automedonte, auriga de Aquiles, de Esciros, 10 naves. Patroclo, hijo de Menecio y de Filomela, de Ptía, 10 naves.

Áyax, hijo de Telamón y de Eribea, de Salamina, 12 na- 3
ves. Su hermano Teucro, hijo de Hesíone, hija de Laomedonte, 12 naves.

Ulises, hijo de Laertes y de Anticlea, de Ítaca, 12 naves. 4
Diomedes, hijo de Tideo y de Deípila, hija de Adrasto, de

276. *Vid.* otros catálogos en Homero, *Il.* II 494 ss.; Apolodoro, *Epít.* III, 11-14; y Eurípides, *Ifigenia en Áulide* 242 ss.

Argos, 30 naves. Esténelo, hijo de Capaneo y de Evadne, de Argos, 25 naves.

5 Áyax, hijo de Oileo y de la ninfa Rene, de Lócride, 20 naves. Néstor, hijo de Neleo y de Cloris, hija <de Anfión>, de Pilos, 90 naves. Su hermano Trasimedes, hijo de Eurídice, de Pilos, 15 naves. Antíloco, hijo de Néstor, de Pilos, 20 naves.

6 Eurípilo, hijo de Evemón y de Opis, de Orcómeno, 40 naves. Macaón, hijo de Asclepio y de Corónide, de Trica, 20 naves. Su hermano Podalirio, 9 naves.

7 Tlepólemo, hijo de Hércules y de Astíoque, de Micenas, 9 naves. Idomeneo, hijo de Deucalión, de Creta, 40 naves. Meríones, hijo de Molo y de Mélfide, de Creta, 40 naves.

8 Eumelo, hijo de Admeto y de Alcestis, hija de Pelias, de Perrebia, 8 naves. Filoctetes, hijo de Peante y de Demonasa, de Melibea, 7 naves. Peneleo, hijo de Hipalco y de Astérope, de Beocia, 12 naves.

9 Leito, hijo de Lácreto y de Cleobule, de Beocia, 12 naves. Su hermano Clonio, de Beocia, 9 naves. Arcesilao, hijo de Arílico y de Teobule, de Beocia, 10 naves. <Su> hermano, Protoénor, de Tespia, 8 naves.

10 Yálmeno, hijo de Lico y de Pérnide, de Argos, 30 naves. Su hermano, Ascálafo, de Argos, 30 naves. Esquedio, hijo de Ífito y de Hipólita, de Argos, 30 naves. Su hermano Epístrofo, del mismo lugar, 10 naves. Elefénor, hijo de Calcodonte y de Imenárete, de Argos, 30 naves.

11 Menesteo, hijo de Ea*[277], de Atenas, 50 naves. Agapénor, hijo de Anceo y de Yotis*, de Arcadia 60 naves. Anfímaco, hijo de Ctéato, de Elea, 10 naves. Éurito, hijo de Palante y de Diomede, de Argos, 15 naves. Amarinceo, hijo de Onesímaco,

277. Menesteo era hijo de Peteo.

de Micenas, 19 naves. Políxeno, hijo de Agástenes y de Pelóride, de Etolia, 40 naves.

Meges, hijo de Fileo y de Eustíoque, de Duliquio[278], 60 na- 12
ves. Toante, hijo de Andremón y de Górgide, de Tito[279], 15 naves <...> Podarces, su hermano, del mismo lugar, 10 naves.

Prótoo, hijo de Tentredón, de Magnesia, 40 naves. Cicno[280], 13
hijo de Ócito y de Aurofite, de Argos, 12 naves. Nireo, hijo de Cárope, y de la ninfa <Aglaya>, de Argos, 16 naves.

Ántifo, hijo de Tésalo y de Calcíope, de Nísiros, 20 na- 14
ves. Polipetes, hijo de Pirítoo y de Hipodamía, de Argos, 20 naves. Leonteo, hijo de Corono, de Sición, 19 naves.

Calcante, hijo de Téstor, adivino de Micenas. Foco, hijo 15
de Dánao, arquitecto. Euríbates y Taltibio, heraldos. Diáforo, juez[281]. Neoptólemo, hijo de Aquiles y de Deidamía, de la isla de Esciros. Éste fue llamado Pirro por su padre, Pirra[282]. En total, 245 naves[283].

98. Ifigenia

Agamenón y Menelao, en compañía de caudillos escogidos 1
de Acaya, marchaban a Troya en busca de Helena, la esposa de Menelao, a la que Alejandro Paris se había llevado;

278. Una de las islas Equinas, pequeño archipiélago frente a la Élide: *vid.* Homero, *Il.* II 625 ss.
279. Ignoramos a qué lugar se refiere.
280. Aquí esperaríamos el nombre de Guneo, hijo de Ócito, mencionado por Apolodoro (loc. cit.); y rey al que atribuye también 12 naves Eurípides, *Ifig. Ául.* 277-279.
281. Personaje nombrado sólo aquí.
282. Véase la *Fáb.* 96.
283. El número total de naves asciende, en realidad, a 1256.

pero una tempestad, desatada por la cólera de Diana, los retenía en Áulide, porque Agamenón había mancillado a una de sus ciervas en una cacería y había hablado con mucha arrogancia contra Diana[284].

2 Tras convocar a los arúspices, Calcante respondió que la única manera de aplacar a la diosa era sacrificar a Ifigenia, la hija de Agamenón. Éste, al oírlo, al principio se negó.

3 Entonces Ulises con sus consejos le convenció para llevar a cabo un espléndido plan. El propio Ulises fue enviado con Diomedes para llevar a Ifigenia. Cuando llegaron en presencia de su madre Clitemnestra, Ulises fingió que la iban a entregar a Aquiles en matrimonio.

4 Cuando la condujo a Áulide y su padre estaba a punto de sacrificarla, Diana se apiadó de la doncella, los envolvió en una oscuridad y puso una cierva en su lugar; la llevó por las nubes a la tierra Táurica y allí la hizo sacerdotisa de su templo[285].

99. Auge

1 Auge, hija de Áleo, fue forzada por Hércules y, en el momento del parto, dio a luz en el monte Partenio a un niño y allí lo abandonó. Al mismo tiempo, Atalanta, hija de Yasio, abandonó al niño que había concebido de Meleagro.

2 Sin embargo, una cierva amamantó al hijo de Hércules. Unos pastores encontraron a los niños y los criaron. Llamaron Télefo al hijo de Hércules, por haber sido amamantado

284. Cf. Apolodoro, *Epít.* III 21.
285. Cf. Eurípides, *If. Ául.*, 1540 ss.

por una cierva[286]; y Partenopeo al de Atalanta, porque, fingiendo ser virgen, lo había abandonado en el monte Partenio.

Por temor a su padre, Auge huyó a Misia junto al rey Teutrante y él, como no tenía hijos, la consideró como tal[287]. 3

100. Teutrante

Idas, hijo de Afareo, quería arrebatar el trono al rey Teutrante de Misia. Cuando Télefo, hijo de Hércules, llegó buscando a su madre con su compañero Partenopeo conforme a una respuesta del oráculo, Teutrante prometió que le daría el trono y a su hija Auge en matrimonio, si lo protegía de su enemigo. 1

Télefo no desaprovechó el acuerdo del rey y venció a Idas en un solo combate con Partenopeo. El rey cumplió su palabra y le entregó el trono y, sin saberlo, a su madre Auge en matrimonio. Como ella no quería que ningún mortal ultrajara su cuerpo, determinó matar a Télefo sin saber que era su propio hijo. 2

Así pues, cuando entraban a la cámara nupcial, Auge cogió una espada para matar a Télefo. Entonces se dice que por deseo de los dioses una serpiente de tamaño descomunal se interpuso entre ellos. Ante esa visión Auge arrojó la espada y reveló a Télefo cuál era su intención. 3

286. El nombre de Télefo, así pues, derivaría de θηλή, *thēlé,* 'ubre' y ἔλαφος, *élaphos,* 'cierva'.

287. Apolodoro, II 7, 4, dice que Áleo la entregó a Nauplio para que la vendiera y Teutrante, rey de Teutrania, la hizo su esposa. Y más adelante (III 9, 1) añade que Télefo, cumpliendo las órdenes de un oráculo, llegó a Teutrania donde fue reconocido por su madre y adoptado como heredero por el rey.

4 Télefo, al oírlo, quiso matar, sin saberlo, a su madre, pero ella imploró a Hércules, que la había violado, y, gracias a eso, Télefo reconoció a su madre y la llevó de regreso a su patria.

101. Télefo[288]

1 Se dice que Télefo, hijo de Hércules y de Auge, fue atravesado en un combate por Aquiles con la lanza de Quirón. Como la herida le atormentaba cada día con un horrible dolor, pidió un remedio al oráculo de Apolo; pero el oráculo le respondió que nadie podría curarle, a no ser la misma lanza que le había herido.

2 Al oír eso, llegó hasta el rey Agamenón y, por consejo de Clitemnestra, raptó al niño Orestes de su cuna, amenazando con matarlo si los aqueos no lo curaban.

3 Pero dado que un oráculo había anunciado a los aqueos que Troya no podría ser tomada sin la guía de Télefo, se reconciliaron fácilmente con él, y pidieron a Aquiles que lo sanara. Aquiles les respondió que desconocía el arte de la medicina.

4 Entonces Ulises dijo: «Apolo no habla de ti, sino que cita a la lanza responsable de la herida». La rasparon sobre ella y sanó[289].

5 Como tenía por esposa a Laódice[290], hija de Príamo, no consiguieron que los acompañara para atacar Troya cuando se lo pidieron; pero en agradecimiento por haberle sanado, los guió indicándoles lugares y caminos. De allí marchó a Misia.

288. Probablemente, una fuente importante de Higino fue el *Télefo* de Eurípides.
289. Apolodoro, *Epít.* III 20; Propercio, II 1, 63; Ovidio, *Pónticas* II 2, 26.
290. Esto sólo lo transmite Higino.

102. Filoctetes[291]

1 Cuando Filoctetes, hijo de Peante y de Demonasa, estaba en la isla de Lemnos, una culebra le mordió en un pie. Juno la había enviado enfadada porque fue el único que se había atrevido a construir la pira de Hércules, cuando dejó su cuerpo humano y se hizo inmortal.

2 En agradecimiento Hércules le regaló sus flechas divinas. Pero como los aqueos no podían soportar el espantoso olor que despedía su herida, fue abandonado por orden del rey Agamenón en la isla de Lemnos con sus flechas divinas. Un pastor del rey Áctor, llamado Ifímaco, hijo de Dolopión, lo atendió al encontrarlo abandonado[292].

3 Después, un oráculo les advirtió que no podrían tomar Troya sin las flechas de Hércules. Entonces Agamenón envió a Ulises y a Diomedes en su busca. Lo convencieron para recuperar su amistad y para que les ayudara a conquistar Troya y se lo llevaron consigo.

103. Protesilao

1 Según un oráculo, el primero de los aqueos que pusiera el pie en las costas troyanas perecería. Cuando los aqueos atracaron las naves, en vista de que los demás titubeaban, Yolao, hijo de Íficlo y de Diomedea, fue el primero en saltar

291. La tragedia perdida *Filoctetes* de Eurípides debió de ser la fuente principal de esta fábula. Sin embargo, sólo conservamos el *Filoctetes* de Sófocles, donde el acompañante de Ulises es Neoptólemo, no Diomedes.
292. Información que no aparece en ningún otro lugar.

desde su nave y al instante Héctor lo mató. Todos lo llamaron Protesilao, por haber perecido el primero[293].

2 Cuando su esposa Laodamía, hija de Acasto, supo que había perecido, envuelta en lágrimas, suplicó a los dioses que le permitieran conversar con él durante tres horas[294]. Consiguió su deseo y, conducido de vuelta por Mercurio, habló con él durante tres horas. Pero cuando Protesilao murió de nuevo, Laodamía no pudo aguantar el sufrimiento.

104. Laodamía

1 Laodamía, hija de Acasto, al perder a su marido, consumió las tres horas que había pedido a los dioses y no pudo aguantar el llanto ni el dolor. Así pues fabricó una imagen de oro idéntica a su esposo Protesilao, la colocó en el lecho conyugal y, fingiendo una ceremonia religiosa, se dispuso a rendirle culto.

2 Una mañana, cuando un criado le llevaba frutos para el sacrificio, miró a través de una rendija y la vio abrazando y besando la imagen de Protesilao. Pensó que tenía un amante y se lo hizo saber a su padre Acasto.

3 Éste llegó, irrumpió en las cámaras nupciales y vio la efigie de Protesilao. Ordenó hacer una pira y quemar la figura y los objetos sagrados, con el fin de que aquélla no se torturara por más tiempo, pero Laodamía no soportó el sufrimiento, se arrojó al fuego y se abrasó.

293. Del griego *prōtos* ('primero'), y *laós* ('pueblo').
294. Cf. Luciano, *Diálogos de los muertos* 23.

105. Palamedes

Ulises tramaba cada día de qué modo podría matar a Palamedes, hijo de Nauplio, por haber caído en su trampa. Finalmente, ideó un proyecto: envió a uno de sus soldados en presencia de Agamenón para decirle que había soñado que debían levantar el campamento por un día. 1

Agamenón creyó que era cierto y ordenó levantar el campamento por un día; y Ulises, de noche, solo y a escondidas, enterró una gran suma de oro en donde había estado la tienda de Palamedes; a continuación entregó una carta a un prisionero frigio con la orden de llevársela a Príamo, y envió al otro soldado suyo para matarlo no lejos del campamento. 2

Al día siguiente, cuando el ejército volvió al campamento, un soldado llevó a Agamenón la carta que había escrito Ulises, hallada sobre el cadáver del frigio. En ella estaba escrito: «A Palamedes, enviada por Príamo»; y le prometía una cantidad de oro igual a la que Ulises había enterrado en la tienda, si entregaba el campamento de Agamenón, según lo convenido. 3

Así pues, cuando llevaron a Palamedes ante el rey, negó la acusación, pero fueron a su tienda y desenterraron el oro. Agamenón, al verlo, prestó crédito a la acusación. Así, Palamedes cayó en la trampa de Ulises y fue ejecutado por todo el ejército. 4

106. El rescate de Héctor[295]

Agamenón separó a Aquiles de su esclava Briseida, hija del sacerdote Brises, de Misia, a causa de su espléndida belleza, por la misma época en que devolvió a Criseida, hija de Cri- 1

295. Resumen de la *Ilíada* de Homero.

ses, sacerdote de Apolo Esminteo. Encolerizado por ello, Aquiles no marchaba al combate, sino que se dedicaba a tocar la cítara en su tienda.

2 Como Héctor estaba poniendo en fuga a los argivos, Aquiles, censurado por Patroclo, le entregó sus armas con las que puso en fuga a los troyanos, pues creían que era Aquiles, y mató a Sarpedón, hijo de Júpiter y de Europa[296]. Después el propio Patroclo resultó muerto por Héctor y fue despojado de sus armas.

3 Aquiles se reconcilió con Agamenón y éste le devolvió a Briseida. Entonces, como estuviera indefenso contra Héctor, su madre Tetis consiguió que Vulcano le forjase unas armas, que las Nereidas llevaron a través del mar.

4 Con esas armas mató a Héctor y lo arrastró atado al carro alrededor de los muros de los troyanos; y, como no quería entregárselo a su padre para que lo sepultara, por orden de Júpiter, Príamo llegó guiado por Mercurio hasta el campamento de los dánaos, recibió el cuerpo a cambio de oro y lo sepultó.

107. El juicio de las armas[297]

1 Después del entierro de Héctor, Aquiles vagaba alrededor de los muros de los troyanos e iba diciendo que él solo había tomado Troya. Apolo, enfurecido, adoptó la figura de Alejandro Paris[298],

296. El Sarpedón troyano era hijo de Júpiter y Laodamía, no el hermano de los jueces infernales, hijos de Júpiter y Europa.
297. Esquilo y Accio dedicaron sendas tragedias al tema.
298. Este detalle sólo nos lo transmite Higino. Homero, *Il.* XXII 359 ss. dice que lo hicieron Paris y Apolo (cf. Virgilio, *Eneida* VI 56-58; y Ovidio, *Met.* XII 605 ss. y XIII 501, quienes precisan que Apolo dirigió el tiro). Otras fuentes mencionan sólo a Apolo (Homero, *Il.* XXI 277 ss.; Sófo-

le hirió con una flecha en el talón que, dicen, tenía mortal y murió[299].

Una vez que Aquiles murió y fue sepultado, Áyax Tela- 2
monio, como era primo hermano suyo, reclamó a los dánaos que le dieran las armas de Aquiles; pero Agamenón y Menelao <se> las denegaron por la ira de Minerva y se las dieron a Ulises[300].

Áyax, en un arrebato de locura mató sus rebaños y se hi- 3
rió mortalmente a sí mismo con la espada que había recibido como regalo de Héctor, mientras luchaba contra él en el campo de batalla[301].

108. El caballo de Troya

Como los dánaos no habían sido capaces de conquistar Tro- 1
ya a lo largo de diez años, por consejo de Minerva[302], Epeo

cles, *Filoctetes* 334 ss.; Eurípides, *Andr.* 1108; Horacio, *Odas* IV 6; Quinto de Esmirna, *Posthoméricas* III 55-95). Finalmente, otras fuentes mencionan a Paris: Eurípides, *Andr.* 655; *Hécuba* 387; Plutarco, *Charlas de sobremesa* IX 13, 2. Para una quinta versión: véase *Fáb.* 110.

299. Ésta es la primera referencia al talón como parte «mortal», aunque es en Estacio, *Aquileida* I 133-134, donde se cuenta que Tetis, cuando nació, lo sumergió en la laguna Estigia y así lo hizo invulnerable, salvo en la parte por donde lo tenía sujeto.

300. Cf. Sófocles, *Áyax* 449. En Ovidio, *Met.* XIII 1-383, un jurado de caudillos griegos falló en su favor ante las convincentes razones que expuso. Sin embargo, Homero, *Od.* XI 544-548, se dice que el juicio fue sentenciado por los troyanos (cf. Apolodoro, *Epít.* V 6).

301. En el *Áyax* de Sófocles se trata el desdichado destino del héroe.

302. En Apolodoro, *Epít.* V 14, fue idea de Ulises (cf. Quinto de Esmirna, *Posthoméricas* XII, 23); en Dictis V, 11, la idea es de Héleno; y en Dares 40, no hay caballo de madera, sino una cabeza esculpida en la puerta Escea.

hizo un caballo de madera de dimensiones extraordinarias. Dentro de él se concentraron Menelao, Ulises, Diomedes, Tesandro, Esténelo, Acamante, Toante, Macaón y Neoptólemo; y en el caballo escribieron «Regalo de los dánaos para Minerva», y trasladaron el campamento a Ténedos.

2 Cuando los troyanos lo vieron, pensaron que sus enemigos se habían ido. Príamo ordenó llevar el caballo hasta la ciudadela de Minerva y proclamó que celebrarían una gran fiesta. Aunque Casandra iba gritando que los enemigos se hallaban dentro del caballo, no le dieron crédito.

3 Entonces lo colocaron en la ciudadela y de noche se quedaron profundamente dormidos, agotados por la diversión y el vino. Sinón abrió los cierres del caballo[303], los aqueos salieron, mataron a los centinelas de las puertas, y, al dar la señal, hicieron volver a sus compañeros y se adueñaron de Troya.

109. Ilíona

1 Príamo engendró de Hécuba a su hijo Polidoro y se lo entregó a su hija Ilíona para que fuera ella quien lo criara[304]. Ella, que estaba casada con Polimnéstor, rey de los tracios, lo crió como propio; y a Deípilo, el hijo que había tenido con Polimnéstor, lo crió como si fuera su hermano, con la intención de que, si algo le sucedía a uno de ellos, pudiera responder ante sus padres.

303. Sobre Sinón: Virgilio, *Eneida* II 256 ss.
304. En Homero, *Il.* XX 407, en cambio, se dice que murió a manos de Aquiles.

Pero cuando los aqueos tomaron Troya, se propusieron 2
aniquilar la descendencia de Príamo. Arrojaron a Astianac-
te, hijo de Héctor y de Andrómeda, desde lo alto de la mu-
ralla y enviaron mensajeros a Polimnéstor, para prometerle
en matrimonio a la hija de Agamenón, llamada Electra, y
una gran cantidad de oro, si mataba a Polidoro, el hijo de
Príamo[305].

Polimnéstor no rehusó la oferta de los mensajeros y mató 3
sin saberlo a su propio hijo Deípilo, creyendo que había ma-
tado a Polidoro, el hijo de Príamo.

Entonces Polidoro se encaminó al oráculo de Delfos para 4
intentar informarse acerca de sus padres. Recibió la respues-
ta de que su patria había sido incendiada, su padre había
muerto y su madre había sido hecha esclava.

Al regresar de allá y ver que la situación era diferente de 5
lo que le había respondido el oráculo, <creyéndose> hijo de
Polimnéstor, preguntó a su hermana Ilíona por qué el orácu-
lo había dicho cosas tan extrañas. Su hermana le reveló cuál
era la verdad y por consejo de él privó a Polimnéstor de la
vista y lo mató[306].

110. Políxena

Cuando los dánaos zarpaban de Ilión y cada uno se dispo- 1
nía a regresar a su patria con su botín, se dice que, desde su
tumba, la voz de Aquiles reclamó su parte del botín. Por

305. El asunto del matrimonio a cambio del oro sólo lo menciona Higino.

306. En la *Hécuba* de Eurípides, Polidoro muere a manos de Polimnéstor, que había acogido al niño con una suma de dinero, y es Hécuba la que deja ciego a Polimnéstor.

eso los dánaos inmolaron junto a su sepulcro a Políxena, una doncella bellísima. Por su causa Aquiles había muerto a manos de Alejandro y Deífobo, cuando la buscaba para conversar[307].

111. Hécuba

1 Ulises se llevó como esclava a Hécuba, hija de Ciseo o, como dicen otros autores, de Dimante, esposa de Príamo y madre de Héctor; pero ella se lanzó al mar Helesponto y se dice que se transformó en perra[308]. Por esa razón fue llamado mar Cineo[309].

112. Los que se desafiaron y sus rivales

1 Menelao con Alejandro; Venus rescató a Alejandro. Diomedes con Eneas; Venus salvó a Eneas. El mismo con Glauco, pero se retiraron al saber que les unían lazos de hospitalidad. El mismo con Pándaro y con otro Glauco. Pándaro y Glauco resultaron muertos[310].

2 Áyax con Héctor; se separaron tras entregarse regalos. Áyax regaló a Héctor un cinturón, con el que fue arrastrado; Héctor a Áyax una espada, con la que se suicidó. Patroclo con Sarpedón; Sarpedón resultó muerto.

307. Higino es el primero que transmite la versión que hace a Aquiles víctima de un complot troyano con la excusa de celebrar un pacto para su boda con Políxena. Luego aparece en Filóstrato, *Heroico* XX 47; Servio, *Comentarios a la Eneida* VI 57; *Mitógrafos Vaticanos* I 36; II 205; etc.
308. Ovidio, *Met.* XIII 565 ss.
309. Del griego *kýneos* ('perruno').
310. Ignoramos a qué otro Glauco se refiere.

Menelao con Euforbo; resultó muerto Euforbo, que después se convirtió en Pitágoras y se acordaba de que su alma había pasado de un cuerpo a otro[311]. Aquiles con Asteropeo; Asteropeo resultó muerto. 3

4 El mismo con Héctor; Héctor resultó muerto. El mismo con Eneas; Eneas se dio a la fuga. El mismo con Agénor; Apolo salvó a Agénor[312]. El mismo con la Amazona Pentesilea, hija de Marte y de Otrera; Pentesilea resultó muerta. Antíloco con Memnón; Antíloco resultó muerto. Aquiles con Memnón; Memnón resultó muerto. Filoctetes con Alejandro; Alejandro resultó muerto. Neoptólemo con Eurípilo. Eurípilo resultó muerto.

113. Quién mató a un guerrero ilustre

1 Apolo a Aquiles, con la figura de Alejandro. Héctor a Protesilao; el mismo a Antíloco[313]. Agénor a Elefénor; el mismo a Clonio. Deífobo a Ascálafo; el mismo a Autónoo[314].

2 Áyax a Hipódamo; el mismo a Cromio[315]. Agamenón a Ifidamante; el mismo a Glauco. Áyax de Lócride a Gárgaso; el mismo a Gavio*; Diomedes a Dolón; el mismo a Reso.

311. Cf. Diógenes Laercio, *Vidas de filósofos ilustres* VIII 3.
312. Hasta aquí se recogen los enfrentamientos que aparecen en la *Ilíada*. Los siguientes han sido tomados de otros poemas épicos y están recogidos también en Apolodoro, *Epít.* V 1 y ss.
313. Cf. Ovidio, *Heroidas* I 15. Sin embargo, Higino dice que murió a manos de Memnón en *Fáb.* 112, 4 (cf. Homero, *Od.* IV 187 ss.).
314. Autónoo muere a manos de Héctor en Homero, *Il.* XI 301.
315. Ulises es quien mata a Cromio en Homero, *Il.* V 677.

3 Eurípilo a Nireo; el mismo a Macaón. Sarpedón a Tlepólemo; el mismo a Ántifo[316]. Aquiles a Troilo. Menelao a Deífobo.
4 Aquiles a Astínomo; el mismo a Pilémenes. Neoptólemo a Príamo.

114. A cuántos mataron los aqueos

1 Aquiles a 72; Antíloco a 2; Protesilao a 4; Peneleo a 2; Eurípilo a 1; Áyax Oileo a 24; Toante a 2; Leito a 20; Trasimedes a 2; Agamenón a 16; Diomedes a 18; Menelao a 8; Filoctetes a 3; Meríones a 7; Ulises a 12; Idomeneo a 13; Leonteo a 5; Áyax Telamonio a 28; Patroclo a 53; Polipetes a 1; Teucro a 30; Neoptólemo a 6. En total, 362[317].

115. A cuántos mataron los troyanos

1 Héctor a 31; Alejandro a 3; Sarpedón a 2; Pántoo a 4; Gárgaso a 2; Glauco a 4; Polidamante a 3; Eneas a 28; Deífobo a 4; Clito a 3; Acamante a 1; Agénor a 2. En total, 88[318].

116. Nauplio

1 Tras la conquista de Ilión y el reparto del botín, los dánaos regresaban a su hogar, pero naufragaron junto a las rocas

316. No debe confundirse con el hijo homónimo de Príamo, que muere a manos de Agamenón en Homero, *Il.* XI 109.
317. En realidad, el número asciende a 329.
318. De nuevo, un número erróneo, pues contabilizamos 87.

Cafareas[319] en una tormenta con vientos adversos provocada por la ira de los dioses, puesto que habían expoliado sus templos y Áyax de Lócride había arrastrado a Casandra, aferrada al Paladio[320].

En esa tempestad Áyax de Lócride fue golpeado con 2
un rayo por Minerva. Las olas lo estrellaron contra los escollos, por ello se llaman «Rocas de Áyax»[321]. Cuando los demás imploraban de noche la misericordia de los dioses, Nauplio lo oyó e intuyó que había llegado el momento de vengar las injusticias sufridas por su hijo Palamedes.

Y así, como si les estuviera prestando auxilio, levantó una 3
antorcha ardiendo en el lugar donde los escollos eran afilados y el lugar peligrosísimo. Ellos, creyendo que lo hacía por compasión, condujeron allí sus naves. Muchísimas de ellas se quebraron y muchísimos soldados con sus jefes perecieron y miembros y entrañas fueron a estrellarse contra los escollos. Y, si algunos pudieron nadar hasta la playa, fueron asesinados por Nauplio.

En cambio, a Ulises el viento lo arrastró junto a Marón[322]; 4
a Menelao a Egipto; y Agamenón llegó a su patria con Casandra.

319. Se trata del cabo Cafereo de Eubea.

320. Estatua de la diosa Palas Atenea. Sobre el Paladio: cf. Apolodoro, III 12, 3.

321. Posidón golpeó su tridente contra la roca a la que se aferraba por haberse jactado de sobrevivir a los planes de Atenea: Homero, *Od.* IV 499 y ss; Apolodoro, *Epít.* III 6, 7.

322. Cuando Ulises arriba a Ísmaro, ciudad de los cicones, perdona la vida al sacerdote de Apolo, Marón, y éste le regala el odre de vino con el que emborrachará al Cíclope: Homero, *Od.* IX 39 ss.

117. Clitemnestra

1 Clitemnestra, hija de Tindáreo y esposa de Agamenón, oyó decir a Éax, hermano de Palamedes, que Agamenón llevaba a Casandra como concubina, una mentira con la que pretendía vengar las injurias de su hermano[323]. Entonces Clitemnestra, en compañía de Egisto, hijo de Tiestes, concibió el plan de asesinar a Agamenón y a Casandra. Lo asesinaron con un hacha mientras realizaba un sacrificio, a él y a Casandra.

2 Electra, la hija de Agamenón, se llevó a su hermano pequeño Orestes y lo confió a Estrofio, en la Fócide, que estaba casado con Astioquea, hermana de Agamenón[324].

118. Proteo

1 Se dice que en Egipto moraba Proteo, el anciano dios del mar que solía adoptar todo tipo de formas. Por consejo de su hija Idotea, Menelao lo ató con una cadena para que le dijese cuándo podría regresar a su hogar.

2 Proteo le hizo saber que los dioses estaban enfurecidos porque Troya había sido derrotada y, en vista de ello, debía realizarse lo que en griego se llama una «hecatombe», el sacrificio de cien bueyes. Por ello, Menelao hizo una hecatombe. Entonces, sólo al cabo de ocho años desde que partió de Ilión, regresó a su patria con Helena[325].

323. Versión exclusiva de Higino.
324. Higino es el único mitógrafo que los presenta como cónyuges.
325. Cf. Homero, *Od.* IV 349 y ss.

119. Orestes[326]

Orestes, hijo de Agamenón y Clitemnestra, una vez que llegó a la edad viril, ansiaba vengar la muerte de su padre. Y así ideó un plan con Pílades. Se dirige a Micenas junto a su madre Clitemnestra, le dice ser un viajero eolio y le anuncia que Orestes –Egisto había encomendado al pueblo que lo matara– ha muerto. 1

No mucho después llegó Pílades, hijo de Estrofio, con una urna diciendo que contenía los huesos de Orestes. Egisto, lleno de gozo, los acogió como huéspedes. 2

Pero en cuanto surgió una oportunidad, Orestes en compañía de Pílades mató por la noche a su madre Clitemnestra y a Egisto. Cuando Tindáreo lo acusó, los micéneos le permitieron huir a causa de su padre. Después las furias de su madre lo persiguieron sin tregua. 3

120. Ifigenia Táurica[327]

Como las furias persiguieran sin tregua a Orestes, marchó a Delfos para averiguar cuál sería el final de sus desgracias. El oráculo le respondió que fuera a la Táurica junto al rey Toante, padre de Hipsípila, y una vez allí, desde el templo llevara a Argos la estatua de Diana. Entonces pondría fin a sus males. 1

Al oír la respuesta, se embarcó con su compañero Pílades, hijo de Estrofio, y rápidamente llegaron a la tierra de los tau- 2

326. En esta fábula Higino ha incluido datos de diferentes tragedias sobre el tema: *Electra* de Sófocles, *Coéforos* de Esquilo y *Orestes* de Eurípides.
327. Esta fábula resume la *Ifigenia entre los Tauros* de Eurípides.

ros, entre los que había la costumbre de inmolar en el templo de Diana a todo forastero que llegaba a sus fronteras.

3 Orestes y Pílades, mientras estaban ocultos en una cueva esperando una oportunidad, fueron sorprendidos por unos pastores y conducidos ante el rey Toante. Toante, conforme a su costumbre, ordenó llevarlos atados al templo de Diana para que fuesen inmolados. Allí Ifigenia, la hermana de Orestes, era la sacerdotisa y, después de descubrir por sus objetos y sus palabras quiénes eran y por qué habían ido, alejó a sus sirvientes y ella misma comenzó a remover la estatua de Diana.

4 Cuando llegó el rey allí y le preguntó por qué lo hacía, ella mintió diciendo que aquellos criminales habían contaminado la estatua; y puesto que unos hombres impíos y criminales habían sido llevados al templo, convenía llevar al mar la estatua para su purificación; y le ordenó prohibir a los habitantes salir de la ciudad.

5 El rey obedeció a la sacerdotisa; e Ifigenia, en cuanto tuvo ocasión, cargó con la estatua y subió a la nave con Orestes y Pílades y, con viento favorable, se dirigieron a la isla de Esminte junto a Crises, sacerdote de Apolo[328].

121. Crises

1 Cuando Agamenón iba a Troya, Aquiles llegó a Misia, se llevó a Criseida, hija del sacerdote de Apolo, se la dio a Agame-

328. La escala en la ciudad de Esmintio en compañía del sacerdote era el punto de partida de la tragedia de Sófocles *Crises*, hoy perdida, de la que esta fábula podría ser un resumen.

nón como concubina. Aunque Crises llegó ante Agamenón para suplicar que le devolviera a su hija, no lo consiguió.

Por ello Apolo destruyó a casi todo su ejército, en parte de hambre, <en parte por una peste>. Entonces Agamenón devolvió a Criseida, que estaba embarazada, al sacerdote, pero ella le dijo que no la había tocado y, como a su tiempo, dio a luz a Crises el Joven, dijo que lo había concebido de Apolo. 2

Después cuando Crises quería devolverlos a Toante, Crises el Viejo oyó que eran Ifigenia y Orestes, hijos de Agamenón, y éste* reveló a su nieto Crises la verdad: que eran sus hermanos y que él era hijo de Agamenón. Entonces Crises, al conocer la situación, mató a Toante con su hermano Orestes y desde allí llegaron sanos y salvos a Micenas con la estatua de Diana. 3

122. Aletes[329]

Ante Electra, hija de Agamenón y de Clitemnestra, hermana de Orestes, llegó la falsa noticia de que su hermano y Pílades habían sido inmolados a Diana en la Táurica. Cuando Aletes, hijo de Egisto, supo que no sobrevivía nadie del linaje de los Atridas, intentó obtener el reino en Micenas. 1

Pero Electra se dirigió a Delfos para informarse acerca de la muerte de su hermano. Llegó allí precisamente el día en que lo hicieron Ifigenia y Orestes y el mismo mensajero que 2

329. Higino es la única fuente que nos transmite este mito, proveniente tal vez del *Aletes* de Sófocles o de Pacuvio.

había informado sobre Orestes le dijo que Ifigenia era la asesina de su hermano.

3 Cuando Electra lo oyó, cogió un tronco ardiendo del altar y le habría sacado los ojos a Ifigenia, sin saber que era su hermana, si Orestes no hubiera intervenido. Tras el reconocimiento, llegaron a Micenas y Orestes mató a Aletes, hijo de Egisto; y habría matado también a Erígone, hija de Clitemnestra y Egisto, pero Diana se la llevó al Ática y la hizo sacerdotisa.

4 Orestes, al morir Neoptólemo, desposó a Hermíone, hija de Menelao y de Helena; y Pílades a Electra, hija de Agamenón y de Clitemnestra.

123. Neoptólemo[330]

1 Neoptólemo, hijo de Aquiles y de Deidamía, engendró a Anfíalo[331] con la cautiva Andrómaca, hija de Eetión. Pero al enterarse de que su prometida Hermíone había sido entregada en matrimonio a Orestes, vino a Lacedemonia y reclamó su prometida a Menelao.

2 Menelao no quería traicionar su palabra. Se llevó a Hermíone del lado de Orestes y se la dio a Neoptólemo. Orestes, ante tal afrenta, mató a Neoptólemo en Delfos, mientras hacía un sacrificio, y recobró a Hermíone. Sus huesos fueron esparcidos por el territorio de Ambracia, que está en la región del Epiro.

330. Se resume aquí la *Andrómaca* de Eurípides.
331. Nombre transmitido sólo por Higino. Por lo general, se le llama Moloso: Apolodoro, *Epít.* VI 13; Pausanias, I 11, 1; Eurípides, *Andr.*, *passim*.

124. Los reyes de los aqueos

Foroneo, hijo de Ínaco. Argos, hijo de Júpiter. Peranto, hijo 1
de Argos. Tríope, hijo de Peranto. Pelasgo, hijo de Agénor. Dánao, hijo de Belo. Tántalo, hijo de Júpiter. Pélope, hijo de Tántalo. Atreo, hijo de Pélope. Témeno, hijo de Aristómaco. Tiestes, hijo de Pélope. Agamenón, hijo de Atreo. Egisto, hijo de Tiestes. Orestes, hijo de Agamenón. Clito, hijo de Témeno. Aletes, hijo de Egisto. Tisámeno, hijo de Orestes. Alejandro, hijo de Euristeo.

125. La Odisea

Cuando Ulises regresaba a su patria desde Ilión, una tem- 1
pestad lo arrastró hasta la tierra de los cicones, cuya ciudad, Ísmaro, asaltó y repartió el botín con sus compañeros.

Desde allí llegó junto a los lotófagos, hombres en ab- 2
soluto malos, que comían flor de loto, que brota de las hojas. Ese tipo de comida proporcionaba un placer tan grande, que quienes lo probaban se olvidaban de regresar a casa. Ulises envió a dos compañeros ante ellos, pero probaron las plantas que les dieron y se olvidaron de regresar a las naves. El propio Ulises los hizo volver encadenados.

Desde allí llegaron junto al Cíclope Polifemo, hijo de Nep- 3
tuno. El adivino Télemo, hijo de Éurimo, le había predicho que se cuidara de ser cegado por Ulises. Tenía un solo ojo en mitad de la frente y comía carne humana. Después de empujar el ganado a su cueva, colocaba en la entrada una enorme mole de piedra.

4 Éste encerró a Ulises y sus compañeros y empezó a devorarlos. Ulises, al ver que no podría hacer frente a su desmesurado tamaño y su ferocidad, lo embriagó con el vino que le había dado Marón y dijo llamarse *Utis*[332].

5 Así pues cuando le abrasó el ojo con un tronco en llamas, convocó a los demás Cíclopes con sus gritos y, con la cueva cerrada, les dijo: «*Utis* me deja ciego». Ellos creyeron que lo decía para burlarse y no le hicieron caso. Entonces Ulises ató a sus compañeros a las ovejas y él mismo lo hizo a un carnero. Así salieron.

6 Llegó junto a Eolo, hijo de Helén[333], a quien Júpiter le había entregado el dominio de los vientos. Él rindió hospitalidad a Ulises de buena gana y le dio como regalo odres repletos de vientos. Pero sus compañeros pensaban que era oro y plata y, cuando lo recogieron, querían repartírselo; abrieron a escondidas los odres y los vientos salieron volando. Ulises arribó de nuevo junto a Eolo, pero le expulsó porque parecía que Ulises tenía en contra la voluntad de los dioses.

7 Llegó junto a los lestrígones, cuyo rey era Antífates[334] <...> devoró y destruyó once naves, a excepción de la nave en la que escapó, tras haber sido devorados sus compañeros.

8 Fue a la isla de Enaria junto a Circe[335], hija del Sol, que con una poción convertía a los hombres en animales. Envió a Euríloco a su presencia con veintidós compañeros y ella

332. Transcripción del griego Οὔτις ('Nadie').

333. Por lo general, el señor de los vientos es hijo de Posidón, aunque a veces se le identifica con su abuelo Eolo, hijo de Helén y nieto de Deucalión; o de Hípotes, descendiente de Helén (Diodoro, IV 67, 3).

334. Cf. Homero, *Od.* X 100 ss.; Ovidio, *Met.* XIV 234.

335. En Enaria desembarcó Eneas, no Ulises. La isla de Circe es Eea, también en el mar Tirreno.

les arrebató su forma humana. Euríloco, como tenía miedo, no había entrado, huyó de allí y se lo contó a Ulises, que se dirigió solo hacia ella; pero en el camino Mercurio le dio un antídoto y le enseñó cómo engañar a Circe.

Una vez que llegó ante Circe y aceptó de ella una copa, 9
echó el antídoto conforme al consejo de Mercurio, y desenvainó la espada amenazando con matarla si no devolvía su forma a sus compañeros.

Entonces Circe comprendió que esto había sucedido por 10
voluntad de los dioses. Así pues, dio su palabra de que no haría nada semejante, restituyó la forma primitiva de sus compañeros, yació con él y engendró dos hijos, Nausítoo y Telégono[336].

Desde allí marchó al lago Averno, descendió a los infier- 11
nos y encontró a su compañero Elpénor, al que había dejado junto a Circe, y le preguntó cómo había ido a parar allá. Él le respondió que se había caído borracho por la escalera y se había roto el cuello; y le rogó que, cuando regresara al mundo superior, lo enterrara y pusiera en el túmulo su timón[337].

Allí también habló con su madre Anticlea sobre el final 12
de su periplo. Después, al volver al mundo superior, sepultó a Elpénor y clavó el timón en su túmulo tal como se lo había pedido.

Entonces llegó junto a las Sirenas, hijas de la Musa Mel- 13
pómene y de Aqueloo, que tenían la parte superior de mujer y la inferior de ave. Su destino era que vivirían mientras

336. Cf. Hesíodo, *Teog.* 1014-1017, donde Nausítoo es hijo de Ulises y Calipso.
337. Cf. Homero, *Od.* XI 57 ss.; Apolodoro, *Epít.* VII 17.

ningún mortal que oyera su canto pasara de largo. Ulises, aconsejado por Circe, hija del Sol, tapó con cera los oídos de sus compañeros y ordenó que lo encadenaran al mástil y así pasó de largo[338].

14 Desde allí llegó junto a Escila, hija de Tifón, que tenía <la parte> superior de su cuerpo de mujer y la inferior de pez[339], desde la ingle, con seis perros que brotaban de ella. Agarró de la nave a seis compañeros de Ulises y los devoró.

15 Llegó a la isla de Sicilia hasta los rebaños sagrados del Sol, que comenzaron a mugir cuando fueron cocinados por sus compañeros en un caldero. Tiresias y Circe habían advertido a Ulises que no los tocara: así perdió allí a muchos de sus compañeros por ese motivo. Fue arrastrado hasta Caribdis, <que> tres veces al día absorbía agua y tres veces la arrojaba, y pasó de largo gracias al consejo de Tiresias. Pero a causa de la cólera del Sol, puesto que su ganado había sido profanado (cuando Ulises llegó a la isla, por consejo de Tiresias, les prohibió profanar el ganado. Sus compañeros, sin embargo, se apoderaron de él mientras dormía y, al cocinarlo, la carne daba mugidos desde el caldero), Júpiter incendió su nave con un rayo.

16 Desde estos lugares, errante, habiendo naufragado y sin compañeros, llegó nadando a la isla de Eea. <Aquí> la ninfa Calipso, hija de Atlas, cautivada por la belleza de Ulises, lo retuvo durante todo un año y no quería dejarlo marchar hasta que Mercurio, por orden de Júpiter, se lo ordenó a la Ninfa[340].

338. Cf. infra. *Fáb.* 141; Homero, *Od.* XII 1-200; Apolonio de Rodas, IV 895-899; Apolodoro, *Epít.* VII 17; Ovidio, *Met.* V 552-562.
339. Cf. *Fáb.* 151, 1.
340. La isla de Calipso era Ogigia: Homero, *Od.* XII 1 ss.

Y después de construir una balsa allí, Calipso lo dejó mar- 17
char pertrechado de todo tipo de cosas[341]. Neptuno desbarató la balsa con olas, porque había privado de la vista a su hijo el Cíclope. Cuando estaba siendo zarandeado por las olas, Leucótea[342], a la que nosotros llamamos *Mater Matuta*, que pasa su vida en el mar, le dio su cinturón para que lo atara a su pecho y no se hundiera. Lo hizo y se salvó a nado.

Desde allí llegó a la isla de los feacios y como estaba des- 18
nudo se cubrió con hojas de los árboles. Nausícaa, hija del rey Alcínoo, llevó ropa allí para lavarla en el río. Él salió del follaje y le pidió que le ayudara. Y ella se compadeció, le cubrió con un manto y lo condujo ante su padre.

Alcínoo le dio hospitalidad de buen grado y, tras rendirle 19
honores con regalos, lo envió a su patria, Ítaca. De nuevo naufragó por la ira de Mercurio. Después de veinte años, tras perder a sus compañeros, regresó solo a su patria. Al llegar a su casa, sin ser reconocido, vio a los pretendientes que aspiraban a casarse con Penélope ocupando el palacio y fingió ser un forastero.

Sin embargo, Euriclea, su nodriza, reconoció a Ulises por 20
una cicatriz mientras le lavaba los pies. Después, con ayuda de Minerva, mató a flechazos a los pretendientes en compañía de su hijo Telémaco y de dos sirvientes.

[Deyoneo engendró a Céfalo, Céfalo a Arcesio, Arcesio a Laertes; Laertes a Ulises; Ulises, de Circe, a Telégono; de Penélope, a Telémaco; Telégono, de Penélope, la esposa de Ulises, a Ítalo, que dio nombre a Italia; de Telémaco, Latino, cuyo nombre designó la lengua latina][343].

341. En la *Fáb.* 243 dice que, a continuación, se suicidó.
342. Seguimos aquí la lectura de Schmidt (Jena, 1872).
343. Este escolio estaba anotado en el margen del manuscrito.

126. El reconocimiento de Ulises

1 Ulises fue enviado por el rey Alcínoo, padre de Nausícaa <con> presentes, pero naufragó y llegó desnudo a Ítaca, a una cabaña suya donde había un *sybotes*[344], esto es, un porquerizo. Aunque el perro lo conoció y le hacía caricias, Eumeo no lo reconocía, porque Minerva había cambiado por completo su apariencia física.

2 Eumeo le pregunto de dónde era y él respondió que había llegado allí a causa de un naufragio. Cuando el pastor le preguntó si había visto a Ulises, dijo que era uno de sus compañeros y empezó a mostrar indicios y pruebas.

3 Enseguida Eumeo lo acogió en su cabaña y lo reconfortó con bebida y comida. Entonces se presentaron unos criados, pues se había convertido en costumbre enviarlos a pedir ganado, y él preguntó a Eumeo quiénes eran. Eumeo respondió: «Después de la partida de Ulises, con el tiempo, llegaron pretendientes para pedir a Penélope en matrimonio.

4 Ella los distrae con esta condición: cuando haya acabado de tejer esta tela, me casaré. Lo que durante el día <tejía, de noche> lo destejía y de esa manera los distraía. Pero ahora ellos se acuestan con las esclavas de Ulises y consumen su ganado».

5 Entonces Minerva le devolvió su aspecto; de repente, cuando el *sybotes* vio que era Ulises, lo sujetó en un abrazo y rompió a llorar de alegría y preguntó extrañado qué era lo que le había cambiado. Ulises le dijo: «Mañana condúceme al palacio ante Penélope».

344. Del griego συβώτης.

Cuando lo llevaba, Minerva le dio de nuevo la imagen de 6
un mendigo. Eumeo lo llevó ante los pretendientes que estaban reclinados con las esclavas y les dijo: «Mirad, tenéis otro mendigo para que os deleite con Iro[345]».

Entonces Melantio, uno de los pretendientes, dijo[346]: «Me- 7
jor dicho, que luchen entre sí y el ganador recibirá una tripa rellena y un bastón para echar al vencido». Una vez que lucharon y Ulises expulsó a Iro a golpes, Eumeo condujo a Ulises bajo el disfraz de mendigo junto a Euriclea, la nodriza, y le dijo que era un compañero de Ulises. Y cuando quería <...> Ulises le cerró la boca y le avisó a ella y a Penélope que dieran su arco y sus flechas a los pretendientes, diciendo que, si alguno de ellos podía tensarlo, se casaría con ella.

Cuando ella lo hizo <...> rivalizaban entre sí, pero nadie 8
podía tensarlo. Eumeo dijo para burlarse: «Démoslo <...>», pero no lo toleraba Melantio, que era <...>. Eumeo entregó el arco al anciano.

Él atravesó a todos los pretendientes, a excepción del es- 9
clavo Melantio. Éste en secreto a los pretendientes <...> fue capturado, le cortó la nariz, los brazos y el resto de sus miembros en pedazos y se adueñó de su casa con su mujer. A las esclavas les ordenó arrojar los cuerpos de aquéllos al mar y a ellas, a ruegos de Penélope, las castigó tras la muerte de los pretendientes.

345. Mendigo de Ítaca.
346. Error de Higino, pues este papel lo jugaba el pretendiente Antínoo. De hecho, más adelante (en 9) dice que Melantio era un esclavo: cf. Apolodoro, *Epít.* VII 31; Homero, *Od.* XVIII 1 ss.

127. Telégono

1 Telégono, hijo de Ulises y de Circe, enviado por su madre a buscar a su progenitor, fue arrastrado por una tormenta hasta Ítaca; y allí, forzado por el hambre, comenzó a asolar los campos. Ulises y Telémaco, sin saber quién era, entablaron combate contra él.

2 Ulises fue muerto por su hijo Telégono, ya que un oráculo le había prevenido de la muerte a manos de su hijo. Después de averiguar quién era, por orden de Minerva, regresó a su patria en compañía de Telémaco y de Penélope, a la isla de Eea. Transportaron el cuerpo de Ulises junto a Circe y allí lo sepultaron.

3 Del mismo modo, por consejo de Minerva, Telégono se casó con Penélope y Telémaco con Circe. De Circe y de Telémaco nació Latino[347], que dio nombre a la lengua latina, y de Penélope y de Telégono nació Ítalo, cuyo nombre designó Italia[348].

128. Augures

1 Ámpico, hijo de Élato; Mopso, hijo de Ámpico; Anfiarao, hijo de Oícles o de Apolo; Tiresias, hijo de Everes; Manto, hija de Tiresias; Poliido, hijo de Cérano; Héleno, hijo de Príamo; Casandra, hija de Príamo; Calcante, hijo de Téstor;

347. Hijo de Ulises y Calipso, según Apolodoro, *Epít.* VI 24; de Ulises y Circe en Hesíodo, *Teog.* 1011-1013; o hijo de Hércules en Dionisio de Halicarnaso, *Historia antigua de Roma* I 43. Existía también una tradición latina, según la cual era hijo de Fauno y de la ninfa Marica: Virgilio, *Eneida* VII 47.
348. Ítalo era de origen enotrio (cf. Dionisio de Halicarnaso, *Historia antigua de Roma* I 35); o sículo (Tucídides, *Historia de la Guerra del Peloponeso* VI 2).

Teoclímeno, hijo de Proteo; Télemo, hijo de Éurimo; la Sibila de Samos, que otros llaman de Cumas[349].

<129. Eneo>

Líber llegó como huésped junto a Eneo, hijo de Partaón, y 1
se enamoró de Altea, hija de Testio y esposa de Eneo. Cuando Eneo se dio cuenta de ello, salió de la ciudad por voluntad propia y simuló que iba a hacer sacrificios. Por su parte, Líber yació con Altea, que engendró a Deyanira. A Eneo, por su generosa hospitalidad, le regaló la vid y le enseñó cómo sembrarla. Estableció que su fruto sería llamado *enon*[350] a partir del nombre de su huésped.

<130. Icario y Erígone>

Cuando el padre Líber marchó junto a los hombres para mos- 1
trarles la dulzura y el encanto de sus frutos, recurrió a la generosa hospitalidad de Icario y Erígone. Les regaló un odre lleno de vino y ordenó que lo propagaran por las demás tierras.

Icario, después de cargar su carro con su hija Erígone y 2
su perra Mera, llegó al territorio del Ática junto a unos pastores y les mostró la clase de dulzura que proporciona el vino. Mas, como los pastores bebieran sin medida, se desplomaron borrachos. Creyeron que Icario les había dado una poción perniciosa y lo mataron a garrotazos.

349. Sobre las Sibilas: Pausanias, X 12, 1 ss.
350. Del griego οἶνον, *oĩnon,* ‘vino’.

3 Muerto Icario, su perra Mera, indicó con sus aullidos a Erígone dónde yacía su padre insepulto. Al llegar allí, se suicidó colgándose de un árbol sobre el cuerpo de su padre. Por este crimen el padre Líber, enfurecido, atormentó a las hijas de los atenienses con un castigo similar.

4 Por ello preguntaron al oráculo de Apolo y les respondió que no habían prestado atención a la muerte de Icario y de Erígone. Ante esa respuesta, castigaron a los pastores, instituyeron en honor de Erígone la fiesta de los Columpios[351], a causa de la epidemia, y que durante la vendimia ofrecerían las primicias de sus frutos en honor de Icario y de Erígone.

5 Por deseo de los dioses fueron colocados entre la multitud de estrellas: Erígone es el signo de Virgo, que llamamos Justicia; Icario es llamado Arturo entre los astros; y la perra Mera, Canícula[352].

<131. Niso>

1 Cuando Líber conducía su ejército a la India, entregó la soberanía del reino de Tebas a Niso, su ayo[353], hasta que él regresara de allí. Pero una vez que Líber hubo retornado, Niso no quiso devolvérselo.

2 Líber no quería enfrentarse con su ayo y consintió que él ocupara el trono hasta que tuviera ocasión de recuperar el reino. Y así, dos años después, se reconcilió con él, simuló que quería celebrar en el reino los sacrificios que se llaman *Trietéricas*, porque

351. Se trata de la *Aiora,* fiesta en recuerdo de Erígone en la que las jóvenes atenienses se columpiaban de los árboles (cf. Hani, 1978, 107 ss.).
352. Cf. Higino, *Astronomía* II 4; Ovidio, *Met*. X 450.
353. Personaje mencionado sólo por Higino: cf. *Fáb.* 167, 3 y 179, 3.

se celebraban cada dos años. Introdujo soldados disfrazados de mujer, como si fueran bacantes, apresó a Niso y recobró su reino.

<132. Licurgo>

Licurgo, hijo de Driante, desterró a Líber de su reino. Ne- 1
gaba que éste fuera un dios y, tras beber vino, se emborrachó e intentó violar a su propia madre. Entonces intentó arrancar las vides, porque decía que era un brebaje pernicioso que trastornaba las mentes.

Pero, enloquecido por Líber, mató a su hijo y a su mu- 2
jer[354], echó sus panteras al propio Licurgo en Ródope, que es un monte de Tracia, sobre el que gobernaba. Se cuenta que, en lugar de las vides, se podó un pie.

<133. Amón>

Líber estaba buscando agua en la India pero no podía en- 1
contrarla. Se dice que surgió un carnero de la arena repentinamente y, como encontró agua guiado por él, solicitó a Júpiter que lo pusiera entre las estrellas, y todavía hoy se llama carnero equinoccial[355]. En el lugar en donde había encontrado agua erigió un templo que se llama de Júpiter Amón[356].

354. En la *Fáb*. 242, 2, se suicida, enloquecido por Baco. Según Homero, *Il.* VI 129 ss., fue privado de la vista; y en Sófocles, *Antígona* 955 y ss., fue encerrado en una cueva.
355. Es decir, Aries, que suele ser el famoso vellón de oro (cf. Higino, *Astr.* II 20).
356. El dios egipcio Amón era representado como un carnero.

<134. Los tirrenos>

1 Cuando los tirrenos –llamados más tarde etruscos– practicaban la piratería, el padre Líber, siendo aún imberbe, subió a su nave y les pidió que lo llevaran a Naxos. Ellos lo subieron a bordo e intentaron violarlo a causa de su belleza, pero Acetes, el timonel, se lo impidió y sufrió injustamente a manos de ellos.

2 Líber, al ver que perseveraban en su propósito, transformó los remos en tirsos, las velas en pámpanos, los cordajes en hiedra; después saltaron leones y panteras.

3 Ellos, al verlo, se lanzaron asustados al mar; y en el mar los transformó en otro tipo de bestia, porque todo el que se había lanzado adoptó la forma de un delfín. Por ello se llama a los delfines tirrenos y se dice mar Tirreno.

4 Por otro lado, ellos eran doce y tenían los siguientes nombres[357]: Etálides, Medón, Licabante, Libis, Ofeltes, Melas, Alcimedonte, Epopeo, Dictis, Simón, Acetes. Éste era el timonel, a quien Líber salvó por su generosidad.

<135. Laocoonte>

1 Laocoonte, hijo de Capis y hermano de Anquises[358], tras tomar esposa y engendrar hijos en contra de la voluntad de Apolo, fue elegido a suertes para realizar un sacrificio en honor a Posidón en la playa[359].

357. En realidad, sólo menciona once, por lo que el texto debe estar corrupto. Para estos piratas: cf. Ovidio, *Met.* III 582 y ss.
358. Según Tzetzes, *Escolios a Licofrón* 347, era hijo de Anténor.
359. Servio, *Comentarios a la Eneida* II 201, explica que cometió el sacrilegio de habitar con su esposa en el propio templo de Apolo, y fue desig-

Apolo aprovechó la oportunidad y, desde Ténedos, envió 2
dos serpientes a través de las olas del mar, para que mataran a sus hijos Antifantes y Timbreo. Cuando Laocoonte intentó prestarles auxilio, lo mataron también a él entre sus anillos[360].

Los frigios pensaron que esto sucedió, porque Laocoon- 3
te había disparado una jabalina contra el caballo de Troya.

<136. Poliido>

Glauco, hijo de Minos y de Pasífae, mientras estaba jugan- 1
do a la pelota, cayó en una tinaja llena de miel. Sus padres lo buscaron y preguntaron a Apolo acerca de su hijo. Éste respondió: «Un prodigio ante vosotros ha tenido lugar. Si alguien lo explica, os devolverá a vuestro hijo».

Al oír la respuesta, Minos comenzó a buscar el prodigio 2
entre los suyos. Le dijeron que había nacido un ternero que cambiaba de color tres veces al día cada cuatro horas, primero blanco, después rojo y luego negro.

Minos convocó a los augures, para que explicaran el pro- 3
digio, pero no fueron capaces de averiguarlo. Entonces Poliido de Bizancio, hijo de Cérano, demostró que era similar a la zarzamora; pues al principio su fruto es blanco, después rojo y, cuando ha madurado, negro.

Entonces Minos le dijo: «Por la respuesta de Apolo es pre- 4
ciso que me devuelvas a mi hijo». Poliido, mientras obser-

nado por la suerte para realizar el sacrificio al estar vacante el cargo de sacerdote de Neptuno, pues los troyanos habían matado al anterior oficiante por no haber impedido la llegada de los griegos.

360. Cf. Virgilio, *Eneida* II 201 ss. En Apolodoro, *Epít.* V 18, sólo devoran a sus hijos.

vaba los augurios, vio una lechuza posada sobre una bodega espantando unas abejas. Interpretó el augurio y sacó de la tinaja el cuerpo exánime del niño[361].

5 Y Minos le dijo: «Hallaste su cuerpo, ahora devuélvele la vida». Como Poliido dijera que eso no era posible, Minos ordenó que lo encerraran con el niño en una tumba y que pusieran una espada.

6 Habían sido encerrados, cuando de repente una serpiente se acercó al cuerpo del niño. Poliido, creyendo que quería devorarlo, la atravesó de improviso y la mató. Otra serpiente, que buscaba a su compañera, vio que estaba muerta, regresó con una hierba, la tocó con ella y le devolvió la vida a la otra serpiente.

7 Poliido hizo lo mismo. Como daban gritos desde dentro, uno que pasaba por delante se lo comunicó a Minos, que ordenó abrir la tumba, y recuperó a su hijo sano y salvo. A Poliido lo envió a su patria con muchos regalos.

<137. Mérope>[362]

1 Polifontes, rey de Mesenia, tras matar a Cresfontes[363], hijo de Aristómaco, se adueñó del poder y de su esposa Mérope. Muerto Cresfontes, Polifontes se apoderó del trono.

2 Pero Mérope envió en secreto, como huésped, a Etolia al hijo que tenía de Cresfontes, un niño aún. Polifontes intentaba encontrarlo con el mayor celo y prometió oro al que lo matara.

361. En griego lechuza *(glaýx)* se parece al nombre de Glauco, lo que da sentido a la historia.

362. Higino resume aquí la tragedia perdida de Eurípides *Cresfontes*.

363. En Pausanias, IV 3, 7-8, Cresfontes muere víctima de una rebelión de una parte de sus súbditos y el hijo sobreviviente se llama Épito. Cf. Apolodoro, II 8, 5, donde el rey muere a manos de dos de sus hijos.

Una vez que éste llegó a la edad viril, decidió vengar la 3
muerte de su padre y de sus hermanos. Y así se presentó
ante el rey Polifontes para pedir el oro, diciendo que había
matado a Telefontes, el hijo de Cresfontes y de Mérope.

Mientras tanto el rey ordenó que se quedara como huésped 4
para informarse sobre él con más detalle. Este se quedó dormi-
do de cansancio y un anciano, que hacía de intermediario en-
tre madre e hijo, llegó llorando ante Mérope. Decía que su
hijo no estaba en casa de su anfitrión y que no aparecía.

Mérope, creyendo que el que dormía era el asesino de su 5
hijo, fue a su estancia con un hacha para asesinar a su pro-
pio hijo sin saberlo. Pero el anciano lo reconoció y evitó que
la madre cometiera el crimen.

Una vez que Mérope vio que tenía la oportunidad de ven- 6
garse de su enemigo, se reconcilió con Polifontes. Mientras
el rey realizaba contento un sacrificio, el falso huésped fin-
gió que iba a inmolar a la víctima, pero lo mató a él y con-
siguió el reino paterno.

<138. Fílira que se convirtió en tilo>

Cuando Saturno buscaba a Júpiter por el mundo, transfor- 1
mado en caballo[364], yació en Tracia con Fílira, hija del Océa-
no, y ella engendró al Centauro Quirón, de quien se dice
que fue el primero en descubrir el arte de la medicina.

Fílira, al ver que había engendrado una especie nunca vis- 2
ta, rogó a Júpiter que la transformara en otra especie y ella
se transformó en el árbol *philyra*, es decir, el tilo.

364. Para escapar a su esposa Rea, que los había sorprendido en Servio, *Comentarios a Geórgicas* III 93.

<139. Los Curetes>

1 Ops engendró con Saturno a Júpiter y Juno pidió que se lo entregara, pues Saturno había arrojado a Orco bajo el Tártaro y a Neptuno bajo las olas, porque sabía <que>, en el caso de que naciera un hijo suyo, le arrebataría el poder.

2 Cuando preguntó a Ops por el hijo que había parido, para devorarlo, ella le mostró una piedra envuelta; y Saturno la devoró. Al darse cuenta, comenzó a buscar a Júpiter por la tierra.

3 Sin embargo, Juno se llevó a Júpiter a la isla de Creta. Amaltea, la nodriza del niño[365], lo colgó de un árbol en una cuna, para que no fuera hallado ni en el cielo, ni en la tierra, ni en el mar[366]. Y, para que no pudiera escucharse el lloriqueo del niño, reunió a unos muchachos, les dio unos pequeños escudos y unas lanzas de bronce y les ordenó rodear el árbol haciendo ruido.

4 En griego se les llamó Curetes; otros los denominan Coribantes[367] o también se les llama Lares[368].

<140. Pitón>

1 Pitón era una enorme serpiente, hija de la Tierra. Antes de la época de Apolo, solía dar las respuestas del oráculo en el

365. Una ninfa en Diodoro, V 70, 3; o una cabra en Calímaco, *Himnos* I 46 ss.
366. Una variante insólita de Higino.
367. Para la identificación de los Curetes, divinidades cretenses, con los Coribantes, sirvientes de Cibeles: Estrabón, *Geografía* X 3, 12; Servio, *Comentarios a la Eneida*, III 111.
368. Dioses del hogar y las encrucijadas: cf. Ovidio, *Fastos* II 599-616.

monte Parnaso[369]. Le estaba destinado que moriría después del parto de Latona.

Por aquel tiempo Júpiter yació con Latona, hija de Polo. 2
Juno, al enterarse, hizo que Latona pariera allí donde no llegara el sol. Cuando Pitón supo que Latona había quedado embarazada de Júpiter, comenzó a perseguirla para matarla.

Sin embargo, por orden de Júpiter, el viento Aquilón tomó 3
a Latona y la llevó junto a Neptuno; y él veló por ella, pero para no incumplir la decisión de Juno, la llevó a la isla de Ortigia, que cubrió por completo con sus olas. Como Pitón no pudo encontrarla, regresó al Parnaso.

Entonces Neptuno trajo de nuevo a la superficie a la isla 4
de Ortigia, que después fue llamada isla de Delos. Allí Latona, agarrándose a un olivo, parió a Apolo y a Diana, a quienes Vulcano regaló unas flechas.

Cuatro días después de haber nacido, Apolo vengó a su 5
madre: fue al Parnaso y mató a Pitón con sus flechas (por ello fue llamado Pitio), echó sus huesos en un trípode, los depositó en el templo e instituyó unos juegos fúnebres en su honor, que son llamados juegos Píticos.

<141. Las Sirenas>

Las Sirenas, hijas del río Aqueloo y de la Musa Melpóme- 1
ne, a causa del rapto de Proserpina, se extraviaron y llegaron a la tierra de Apolo. Allí por deseo de Ceres, puesto que

369. El oráculo de Apolo perteneció primero a Gea, Temis, Febe y, finalmente, a Apolo: Esquilo, *Euménides* 1 y ss.; Pausanias, X 5, 5 y ss.

no habían prestado ayuda a Proserpina, se transformaron en seres alados[370].

2 Un oráculo les había predicho que vivirían mientras que nadie que oyera su canto consiguiera pasar de largo. Pero Ulises resultó funesto para ellas. Gracias a su astucia, cuando navegaba por delante de los escollos en los que moraban, se precipitaron al mar.

3 Por ellas el lugar que se encuentra entre Sicilia e Italia se llama «de las Sirenas».

<142. Pandora>

1 Prometeo, hijo de Jápeto, fue el primero en formar a los hombres a partir de barro. Después Vulcano, por mandato de Júpiter, creó a partir de barro la imagen de la mujer. Minerva le dio vida y cada uno de los demás dioses le dio un don. Por ello la llamaron Pandora[371]. Fue entregada en matrimonio a su hermano Epimeteo. De ellos nació Pirra, según dicen, la primera mujer mortal que nació[372].

<143. Foroneo>

1 Ínaco, hijo de Océano, engendró de su hermana Argía a Foroneo, de quien se dice que fue el primer mortal en reinar.

370. Apolonio de Rodas, IV 896, dice que eran servidoras de Proserpina. Según Ovidio, *Met.* V 512-562, ellas mismas pidieron a los dioses que les diesen alas para buscar a su compañera.
371. «Todos los dones»: Hesíodo, *Trabajos y Días*, 60-99; *Teog.* 571.
372. Cf. Apolodoro, I 7, 2. Considerar a Pirra la primera mujer, entraría en contradicción con el hecho de ser Níobe la hija del primer mortal: véase *Fáb.* 145.

Los hombres habían pasado su vida sin leyes ni ciudades 2
durante muchos siglos, hablando una sola lengua, bajo la soberanía de Júpiter. Pero después que Mercurio hubiera traducido las lenguas de los hombres, por lo que «traductor» se dice *hermeneuta* (pues Mercurio en griego se dice Hermes; y fue precisamente el que dividió las naciones), entonces empezó a surgir la discordia entre los mortales, lo que no agradó a Júpiter[373].

Y así entregó a Foroneo el primer gobierno, por haber 3
sido el primero en ofrecer sacrificios a Juno.

<144. Prometeo>

Antes los hombres obtenían el fuego de los inmortales, pero 1
no sabían mantenerlo para siempre. Después Prometeo lo trajo a la tierra en una cañaheja[374] y enseñó a los hombres cómo podían mantenerlo cubierto de ceniza.

A consecuencia de ello Mercurio, por orden de Júpi- 2
ter, lo encadenó en el monte Cáucaso a una roca con clavos de hierro y apostó un águila para que le devorara el corazón; y la porción que le comía de día, de noche le crecía. Hércules mató esta águila treinta mil años más tarde y lo liberó.

373. Esta noticia, sin parangón en la mitología, recuerda el tema bíblico de la torre de Babel.
374. La cañaheja o *ferula communis* es una planta umbelífera cuyo tallo tiene una médula blanca y seca en la que el fuego arde lentamente sin apagarse.

<145. Níobe o Ío>

1 De Foroneo y de Cinna* nacieron Apis y Níobe. Ésta fue la primera mujer a la que Júpiter poseyó. De ella nació Argos, que dio su nombre a la ciudad de Argos.

2 De Argos y de Evadne nacieron Críaso, Piranto y Écbaso. De Piranto <y> de Calírroe, el Arestórida Argos y Tríopas. Éste <...> de él <y> Eurísabe*, Anto, Pelasgo, Agénor; de Tríope y de Oreáside, Janto e Ínaco; de Pelasgo, Larisa; de Ínaco y de Argía, Ío.

3 Júpiter, que amaba a Ío, la poseyó y la convirtió en vaca para que Juno no la reconociese. Cuando Juno lo descubrió, envió como guardián a Argos, a quien le brillaban los ojos por todo el cuerpo. Por orden de Júpiter, Mercurio lo mató[375].

4 Entonces Juno le inspiró terror a Ío[376] y, atormentada por el miedo, la forzó a precipitarse al mar, que se llamó Jonio. Desde allí fue nadando hasta Escitia y por ello el territorio se llama Bósforo[377]. De allí fue a Egipto, donde dio a luz a Épafo.

5 Cuando Júpiter supo que ella había soportado tantas penas por su culpa, le devolvió su forma y la convirtió en la diosa que los egipcios llaman Isis[378].

375. Con una piedra en Apolodoro, II 1, 3, que también dice que recibió el apelativo de Argifontes ('El que da muerte a Argos'). En Ovidio, *Met.* I 611 ss., Mercurio lo adormeció con la música de la zampoña y después lo degolló. Hera, en agradecimiento, puso los innumerables ojos de Argos en la cola del pavo real, animal que le estaba consagrado.
376. Por medio de un tábano en Esquilo, *Prometeo encadenado* 589 y 681; *Suplicantes* 308; Apolodoro, II 1, 3; Virgilio, *Geórgicas* III, 152; o una Erinis en Ovidio, *Met.* I 725 ss.; Valerio Flaco, IV 394 ss.
377. Esto es, 'Paso de la vaca': Apolodoro, II 1, 3.
378. Cf. Apolodoro, II 1, 3; Diodoro, I 24, 8; Luciano, *Diálogos de los dioses* III.

<146. Proserpina>

Plutón pidió a Júpiter que le diera en matrimonio a Proser- 1
pina, hija suya y de Ceres. Júpiter dijo que Ceres no consentiría que su hija estuviera en el tenebroso Tártaro, pero le aconsejó raptarla mientras recogía flores en el monte Etna, que está en Sicilia.

Mientras Proserpina recogía allí flores con Venus, Diana y 2
Minerva, Plutón llegó en su cuadriga y la raptó. Después Ceres obtuvo de Júpiter que estuviera con ella la mitad del año y con Plutón la otra mitad.

<147. Triptólemo>

Cuando Ceres estaba buscando a su hija Proserpina, llegó 1
junto al rey Eleusino[379], cuya esposa, Cotonea, había dado a luz al niño Triptólemo, y fingió ser un ama de cría. La reina la aceptó como nodriza para su hijo con agrado.

Como Ceres quisiese conceder a su pupilo la inmortali- 2
dad, durante el día lo alimentaba con leche divina, y <por la noche> lo cubría de fuego, a escondidas.

Así pues, crecía de modo distinto a como solían hacerlo 3
los mortales; y como sus padres se extrañaran de lo que sucedía, la vigilaron. Cuando Ceres se disponía a arrojarlo al fuego, su padre se asustó.

Ella quitó la vida enfadada a Eleusino[380], pero a su pu- 4
pilo Triptólemo le concedió un favor eterno. Pues, para

379. El rey se llamaba Céleo, no Eleusino, como vemos más abajo. En Ovidio, *Fastos* IV 507 ss., Céleo no era rey, sino un pobre campesino.

380. En Apolodoro, I 5, 2, los reyes se llamaban Céleo y Metanira y, al ser descubierta la diosa, el niño (llamado Demofonte) fue consumido por

propagar los cereales, le entregó un carro tirado por dragones, y llevado por ellos sembró la superficie de la tierra de cereales.

5 Después de regresar a su casa, Céleo ordenó que lo mataran por ese beneficio. Pero, al conocerse su plan, por orden de Ceres, entregó el reino a Triptólemo, que le dio el nombre de Eleusis por su padre, e instituyó en honor de Ceres unos ritos que en griego se llaman Tesmoforias[381].

<148. Vulcano>

1 Vulcano se enteró de que Venus se acostaba a escondidas con Marte y, como no podía oponerse a su bravura, fabricó una cadena de acero y la puso alrededor del lecho para sorprender a Marte con su astucia. Cuando llegó a su cita, cayó con Venus en las redes, de manera que no podía liberarse.

El Sol avisó a Vulcano y éste vio que yacían desnudos; con-
2 vocó a todos los dioses; <...> vieron. A partir de entonces,
Marte no lo repitió, espantado por la vergüenza[382].

De aquella unión nació Harmonía, a quien Minerva y Vul-
3 cano le regalaron un vestido empapado de crímenes, por lo
que su descendencia resultó criminal. Por su parte, Venus
fue siempre enemiga de la descendencia del Sol a causa de
su delación.

el fuego. En el *Himno homérico a Deméter* 231-274 el niño no murió, pero tampoco alcanzó la inmortalidad.

381. Fiestas exclusivamente femeninas que se celebraban en otoño y pretendían asegurar la fertilidad.

382. Cf. Homero, *Od.* VIII 266-369; Ovidio, *Arte de amar* II 561-588; Luciano, *Diálogos de los dioses* 17.

<149. Épafo>

Júpiter ordenó a Épafo, a quien había engendrado de Ío, 1
construir ciudades en Egipto y reinar allí. Primero fundó la ciudad de Menfis y después otras muchas. De su esposa Casiopea[383] engendró a su hija Libia, de quien esa tierra recibió el nombre.

<150. La Titanomaquia>

Después que Juno vio que Épafo, el hijo de una concubina, 1
tenía un poder tan grande, se ocupó de que muriese en una cacería, y exhortó a los Titanes para que destronaran a Júpiter y devolvieran el poder a Saturno.

Cuando ellos intentaron subir al cielo, Júpiter con la ayuda 2
de Minerva, Apolo y Diana, los arrojó al Tártaro. Por su parte, a Atlas, que había sido su líder[384], le puso la bóveda del cielo sobre los hombros y se dice que aún hoy sostiene el cielo.

<151. Los hijos de Tifón y de Equidna>

Del Gigante[385] Tifón y de Equidna nacieron Gorgón; el can 1
Cerbero de tres cabezas; el dragón[386] que vigilaba las man-

383. En Apolodoro, II 1, 3, Épafo se casó con Menfis.
384. Cf. *Mitógrafos Vaticanos* II 53.
385. En *Prol.* 4 también se le define como Gigante, hijo de la Tierra. Cf. sin embargo *Fáb.* 152, 1.
386. Dotado de cien cabezas que empleaban variados tipos de voces: cf. Apolodoro, II 5, 11.

zanas de las Hespérides más allá del Océano; la Hidra que Hércules mató junto a la fuente de Lerna; el dragón que vigilaba la piel del carnero en la Cólquide; Escila, que tenía la parte superior de mujer, la inferior de perra y seis perros que habían brotado de su cuerpo[387]; la Esfinge que hubo en Beocia; la Quimera que hubo en Licia, que tenía la cabeza de león, la cola de serpiente y *la del medio de cabra*[388].

2 De Medusa, hija de Gorgón, y de Neptuno nacieron Crisaor y el caballo Pegaso; de Crisaor y Calírroe el trimembre Gerión.

<152. Tifón>

1 Tártaro engendró de Tártara[389] a Tifón, un ser de tamaño descomunal y aspecto monstruoso, al que le brotaban cien cabezas de serpientes de los hombros. Desafió a Júpiter a luchar contra él por el poder.

2 Júpiter le golpeó en el pecho con un rayo abrasador y, mientras se quemaba, lo sepultó bajo el monte Etna, que está en Sicilia. Por ello se dice que aún hoy sigue ardiendo.

387. En la *Fáb.* 125, 14, sin embargo, se dijo que tenía la parte inferior con forma de pez.
388. De un verso de Lucrecio, *De la Naturaleza* V 905. Cf. Homero, *Il.* VI 181. Cf. *Fáb.* 57, 3.
389. Un insólito parentesco mencionado sólo por Higino. Tal vez, se trate de un error de lectura de un copista que leyó *Tártara* en lugar de *Terra* (Urbán, 2004, 116 ss.). En la mayor parte de los autores, Tifón es hijo de Tártaro y Gea: cf. Hesíodo, *Teog.* 821, 2; Esquilo, *Prometeo encadenado* 351; Apolodoro I 6, 3; Ovidio, *Met.* V 325. Sin embargo, en otra genealogía Tifón es hijo de Hera, encolerizada contra Zeus, por haber engendrado él solo a Atenea: *Himno homérico a Apolo* 305 ss.

<152 A. Faetonte>

Faetonte, hijo del Sol y de Clímene[390], subió al carro de su 1
padre a escondidas, se elevó demasiado alto de la tierra y por miedo cayó al río Erídano. Cuando Júpiter lo golpeó con el rayo, todo empezó a arder.

Para tener una excusa y aniquilar a toda la raza de los mor- 2
tales, Júpiter fingió que quería extinguir el fuego; inundó por completo los cauces de los ríos y toda la raza de los hombres pereció, excepto Pirra y Deucalión[391].

Y las hermanas de Faetonte, que habían uncido los carros 3
sin el permiso de su padre, se transformaron en álamos.

<153. Deucalión y Pirra>

Cuando sucedió ese cataclismo, que hemos llamado diluvio 1
o inundación, pereció toda la raza humana a excepción de Deucalión y Pirra, quienes huyeron al monte Etna[392], que es el más alto de Sicilia, según se dice.

Pero como no podían vivir a causa de la soledad, pidieron 2
a Júpiter que les diera seres humanos o les hiciera sufrir una desgracia similar. Entonces Júpiter les ordenó que arrojaran piedras tras de sí. Las que arrojó Deucalión, se volvieron hombres; y las de Pirra, mujeres. Por esta razón se dijo *laos*[393], pues en griego «piedra» se dice *laas*[394].

390. Cf. Ovidio, *Met.* II 19 ss.; Pausanias, I 4, 1. Según Hesíodo, *Teog.* 986-991, Faetonte era hijo de Céfalo y Eos *(vid. Fáb.* 189); y en Apolodoro, III 14, 3, hijo de Titono y nieto de Eos.
391. Esta conexión entre la caída de Faetonte y el diluvio sólo aparece en Higino y en el *Escolio a Germánico* 174.
392. Al Parnaso en Apolodoro, I 7, 2.
393. Del griego λαός, 'pueblo'.
394. Esto es, λᾶας.

<154. Faetonte de Hesíodo>

1 Faetonte, hijo de Clímeno, hijo del Sol, y de la ninfa Mérope[395] –a quien consideramos una Oceánide–, al haberle revelado su padre que su abuelo era el Sol, le pidió su carro, pero hizo mal uso de él.

2 Pues, al conducirlo muy cerca de la tierra, todo se incendió con el fuego cercano y, golpeado con un rayo, cayó al río Po. Este río, que Ferecides fue el primero en nombrar, es llamado Erídano por los griegos.

3 A su vez, los indios, como su sangre adoptó un color oscuro con el calor del fuego cercano, se volvieron negros[396]. Y las hermanas de Faetonte, mientras estaban llorando la muerte de su hermano, se transformaron en álamos.

4 Sus lágrimas, como indica Hesíodo, se solidificaron en ámbar; y son llamadas Helíades. Son Mérope, Helia, Egle, Lampetia, Febe, Eteria y Dioxipe.

5 Y Cicno, rey de Liguria, que era pariente de Faetonte, mientras lo lloraba, se convirtió en cisne[397]. Éste, al morir, también canta de modo lastimero.

<155. Los hijos de Júpiter>

1 Líber, al que los Titanes descuartizaron[398], de Proserpina. Hércules, de Alcmena. Líber, de Sémele, <hija> de Cadmo

395. Frente a lo que se dijo en *Fáb.* 152 A.
396. Cf. Ovidio, *Met.* II 235 ss., que habla de los etíopes.
397. Cf. Virgilio, *Eneida* X 189 ss.
398. Higino recoge aquí otra genealogía procedente de la cosmogonía órfica, en la que Dioniso, llamado Zagreo, era hijo de Zeus y de Perséfone y al

y de Harmonía. Cástor y Pólux, de Leda, hija de Testio. Argos, de Níobe, hija de Foroneo. Épafo, de Ío, hija de Ínaco.

Perseo, de Dánae, hija de Acrisio. Zeto y Anfión, de An- 2
tíope, hija de Nicteo. Minos, Sarpedón y Radamante, de Europa, hija de Agénor. Helén, de Pirra, hija de Epimeteo.

Etlio, de Protogenia, hija de Deucalión. Dárdano, de Elec- 3
tra, hija de Atlas. Lacedemón, de Taígete, hija de Atlas. Tántalo, de Pluto, hija de Himante. Éaco, de Egina, hija de Esopo. Egipán, de la cabra Betis*.

Árcade, de Calisto, hija de Licaón. Pirítoo, de Día, hija de 4
Deyoneo.

<156. Los hijos del Sol>

Circe y Pasífae, de Pérside, hija del Océano. Faetonte, Lam- 1
petia, Egle, Febe, <...>.

<157. Los hijos de Neptuno>

Beoto y Helén, de Antíope, hija de Eolo[399]. Agénor y Be<lo, 1
de Libia, hija de Épafo. Bel>erofonte, de Eurínome, hija de Niso. Leucónoe, de Temisto, hija de Hipseo. Hirieo, de Alcíone, hija de Atlas. Abante, de Aretusa, hija de Nereo.

Epopeo, de Alcíone hija de Atlas. Belo. Áctor. Dictis, de 2
Agamede, hija de Augías. Evadne, de Pítane[400], hija de Leu-

nacer fue matado por los Titanes. Pero se pudo salvar su corazón, que Zeus dio a comer a Sémele, de quien renació un «segundo» Dioniso (*vid. Fáb.* 167).

399. Cf. *Fáb.* 186 y 252, donde la hija de Eolo se llama Melanipe.

400. Seguimos aquí la lectura de Bursian frente a Marshall.

cipo. Megareo, de Énope, hija de Epopeo. Cicno, de Cálice, hija de Hecatón.

3 Periclímeno y Anceo, de Astipalea, hija de Fénix. Neleo y Pelias, de Tiro, hija de Salmoneo. Eufemo, Lico y Nicteo, de Celeno, hija de Ergeo*.

4 Peleo, Arprites*. Anteo <...> Eumolpo, de Quíone, hija de Aquilón <...> de Amimone <...> igualmente el cíclope Polifemo[401]. <...> Ámico, de Melia, hija de Busiris.

<158. Los hijos de Vulcano>

1 Filamón, Cécrope, Erictonio, Corinetes, Cerción, Filoto, Espínter.

<159. Los hijos de Marte>

1 Enómao, de Estérope. Harmonía, de Venus. Leódoco, de Pero. Lico. Diomedes el tracio. Ascálafo, Yálmeno, Cicno, Driante.

<160. Los hijos de Mercurio>

1 Príapo[402]. Equión <y> Éurito, de Antianira. Céfalo, de Creúsa, hija de Erecteo. Euresto*, de Aptale*. Libis de Libia, hija de Palamedes.

401. Seguimos una lectura de Bunte.
402. Dios itifálico, normalmente, hijo de Baco y Venus: cf. Pausanias, IX 31, 2; Diodoro, IV 6, 1.

<161. Los hijos de Apolo>

Delfos. Asclepio de Corónide, hija de Flegias. Eurípides[403], 1
de Cleobule. Ilio*, de Urea*, hija de Neptuno. Agreo, de Eubea, hija de Macareo. Filamón, de Leucónoe, hija de Lucífero[404]. Licoreo, de una ninfa. Lino, de la musa Urania. Aristeo, de Cirene, hija de Peneo.

<162. Los hijos de Hércules>

Hilo, de Deyanira. Tlepólemo, de Astíoque. Leucites*. Té- 1
lefo, de Auge, hija de Áleo. Leucipo. Terímaco. Creontíades. Arquelao. Ofites. Deicoonte. Eveno. Lido. Y las doce Tespíades, que engendró de las hijas del rey Tespio[405].

<163. Las Amazonas>

Ocíale, Dioxipe, Ifínome, Jante, Hipótoe, Otrera, Antíoque, 1
Laómaque, Glauce, Ágave, la Teseida Hipólita, Clímene, Polidora, Pentesilea.

<164. Atenas>

Entre Neptuno y Minerva surgió una disputa sobre quién 1
fundaría primero una ciudad en la tierra del Ática y toma-

403. Personaje desconocido.
404. Frente a lo que se dice en *Fáb.* 200, 1.
405. En Apolodoro, II 4, 10, Heracles se acostó con las cincuenta hijas del rey.

ron a Júpiter como juez[406]. Minerva fue la primera en sembrar un olivo, que, según se dice, todavía crece allí y, gracias al cual, se falló a su favor.

2 Neptuno, enfadado, intentó inundar esta tierra con el mar, pero Mercurio, por orden de Júpiter, se lo prohibió.

3 Por ello Minerva fundó, a partir de su nombre, la ciudad de Atenas, que se dice que fue la primera en erigirse sobre la tierra[407].

<165. Marsias>

1 Se dice que Minerva[408] fue la primera que fabricó un *aulós*[409] con huesos de ciervo y acudió a un banquete de los dioses para tocarlo.

2 Juno y Venus se burlaron de ella, porque al hinchar los carrillos se le había puesto la cara azulada. Como la habían visto fea y se habían burlado de ella al tocar, fue al bosque del Ida a una fuente; se puso a tocar allí y, mirándose en el agua, vio que se habían burlado de ella con razón. Por eso

406. Los doce dioses en Apolodoro, III 14, 1.

407. Aunque Posidón hizo brotar agua marina, perdió el pleito. El relato (con variantes) es mencionado por Apolodoro, III 14, 1; Heródoto, VIII 55; Ovidio, *Met.* VI 70 ss. San Agustín, *La ciudad de Dios* XVIII 9, cita también una versión etiológica, según la cual votaron los ciudadanos. Las mujeres votaron a favor de Atenea y ganaron por un voto. Posidón, indignado, inundó el Ática y los hombres privaron del voto a la mujer, así como el empleo de metronímicos.

408. Según Plinio, *Historia Natural* VII 204, fue un invento del Sátiro Marsias.

409. Esto es, un aerófono con un sonido similar al oboe. En latín se utiliza el plural *tibiae*, por tratarse de un instrumento doble.

tiró el *aulós* y, maldiciéndolo, deseó que cualquiera que lo cogiera sufriera un grave castigo[410].

3 El pastor Marsias, hijo de Eagro, uno de los Sátiros, lo encontró, y, como practicaba con él constantemente, cada día le sacaba un sonido más dulce, hasta que incitó a Apolo a competir con él tocando la cítara.

4 Al llegar Apolo allí, eligieron a las Musas como jueces[411] y Marsias ya se marchaba victorioso, cuando Apolo puso su cítara al revés sacando el mismo son; pero Marsias no pudo hacerlo con su *aulós*.

5 Y así Apolo venció a Marsias, lo ató a un árbol y lo entregó a un escita, que lo despellejó miembro a miembro[412], y entregó el resto de su cuerpo a su discípulo Olimpo para que lo sepultara. De su sangre el río Marsias recibió su nombre.

166. Erictonio

1 Vulcano fabricó tronos de oro y diamante para Júpiter y los demás dioses. Juno, al sentarse, se encontró de repente suspendida en el aire. Cuando fueron a buscarlo para que desatara a su madre, a quien había encadenado, enfadado, porque le había echado del cielo[413], dijo que él no tenía madre.

410. El asunto tuvo lugar en Frigia, junto al río Meandro, según Heródoto, VII 26; Jenofonte, *Anábasis* I 2, 8.
411. Cf. Pausanias, VIII 9, 1; Luciano, *Diálogos de los dioses* XVI, 2. Sin embargo, Higino, *Fáb.* 191, menciona a Midas y Tmolo.
412. El propio Apolo lo torturó en Apolodoro, I 4, 2.
413. Cf. Homero, *Il.* XVIII 395 ss.; Pausanias, I 20, 3.

2 El padre Líber lo llevó borracho a la asamblea de los dioses y no pudo rehusar su deber filial. Entonces obtuvo de Júpiter el favor de pedirles lo que quisiera.

3 Por lo tanto Neptuno, que entonces era enemigo de Minerva, incitó a Vulcano a pedir a Minerva en matrimonio. Aunque lo obtuvo, Minerva, al llegar al lecho nupcial, por consejo de Júpiter, defendió su virginidad con sus armas. En el forcejeo el semen de aquél cayó a la tierra y nació un niño que tenía la parte inferior de su cuerpo con forma de serpiente.

4 Lo llamaron Erictonio, porque en griego 'lucha' se dice *eris* y 'tierra' *chthon*. Como Minerva lo estaba criando a escondidas, se lo entregó en una cestita a las hijas de Cécrope, Aglauro, Pándroso y Herse, para que lo escondiesen.

5 Como abrieron la cestita, una corneja las denunció y ellas, enloquecidas por Minerva, se arrojaron al mar.

167. Líber

1 Líber, hijo de Júpiter y de Proserpina, fue despedazado por los Titanes, pero Júpiter le dio a Sémele su corazón, triturado en una poción.

2 Al quedar embarazada de él, Juno se transformó en Béroe, la nodriza de Sémele y le dijo: «Niña, pídele a Júpiter que acuda a ti del mismo modo que a Juno, para que sepas cuánto placer se siente al yacer con un dios».

3 Instigada por ella, se lo pidió a Júpiter y resultó fulminada por el rayo[414]; pero él sacó a Líber de su vientre y se lo

414. Cf. Eurípides, *Bacantes* 1 ss., Diodoro, IV 2, 2; Ovidio, *Met.* III 259 ss.

dio a Niso para que lo criara. Por ello fue llamado Dioniso y se dijo que tuvo dos madres.

168. Dánao

Dánao, hijo de Belo, tuvo cincuenta hijas de muchas esposas y su hermano Egipto, otros tantos hijos. Como éste quería matar a su hermano Dánao y a sus hijas con el fin de conseguir él solo el trono paterno, las reclamó como esposas para sus hijos. 1

Al conocer su plan, Dánao huyó desde África a Argos con ayuda de Minerva. Se dice que entonces Minerva fue la primera en construir una nave con dos proas, en la que pudo huir Dánao. Sin embargo, cuando Egipto supo que Dánao había huido, envió a sus hijos para que persiguieran a su hermano y les advirtió que mataran a Dánao o que no volvieran. 2

Una vez que hubieron llegado a Argos, empezaron a atacar a su tío. Dánao, cuando vio que no podía hacerles frente, les prometió a sus hijas por esposas para que dejaran la lucha. 3

Consiguieron tomar por esposas a sus primas, pero ellas mataron a sus maridos por orden de su padre. Hipermestra fue la única que respetó a Linceo[415]. 4

Por ello dicen que intentan llenar de agua una tinaja agujereada en los infiernos. Se construyó un templo a Hipermestra y Linceo. 5

415. Cf. Pausanias, II 25, 4.

169. Amimone

1 Amimone, hija de Dánao, mientras cazaba afanosa en un bosque, golpeó a un sátiro con una flecha. Él la intentó violar, pero imploró ayuda a Neptuno. Cuando Neptuno llegó allí, ahuyentó al sátiro y él mismo yació con ella. De esa unión nació Nauplio.

2 Se dice que, en el lugar de este suceso, Neptuno golpeó la tierra con su tridente y de allí comenzó a brotar agua, que se llamó fuente de Lerna y río Amimonio[416].

<169 A. Amimone>

1 Amimone, hija de Dánao, fue enviada a buscar agua por su padre para hacer un sacrificio y, mientras la estaba buscando, se quedó profundamente dormida por el cansancio. Un sátiro la intentó violar, pero ella imploró ayuda a Neptuno. Al lanzar el tridente contra el sátiro, se quedó clavado en una roca y Neptuno lo ahuyentó.

2 Cuando le preguntó a la muchacha qué estaba haciendo sola, ella le respondió que había sido enviada por su padre a buscar agua. Neptuno la poseyó y por ello le concedió un don. Le ordenó que sacara su tridente de la roca y, al sacarlo, surgieron tres caños de agua, que fueron llamados fuente Amimonia por el nombre de Amimone. De esa unión nació Nauplio. La fuente, sin embargo, fue llamada después de Lerna.

416. Cf. Estrabón, VIII 6, 8; Pausanias, II 37, 1.

170. A quiénes mataron las hijas de Dánao

Midea a Antímaco. Filomela a Pantio. Escila a Proteo. Anficomone a Plexipo. Evipe a Agénor. Demóditas* a Crisipo. Híale a Perio*. 1

Trite a Encélado. Damone a Amíntor. Hipótoe a Óbrimo. 2
Mirmidone a Míneo*. Eurídice a Canto. Cleo a Asterio.

Arcadia a Janto. Cleopatra a Metalces. Fila a Filino. Hipárete a Proteón. Crisótemis a Astérides. Pirante* a Atamante. 3

Armoasbo*. Glaucipe a Niavio*. Demófila a Pánfilo. Autódice a Clito. Políxena a Egipto. Hécabe a Driante. 4

Acamantis a Ecnomino. Arsalte* a Efialtes. Monuste* a Eurístenes. Amimone a Mídamo. Hélice a Evideas*. Eme a Polidéctor. 5

Pólibe a Iltónomo*. Helicta* a Caso. Electra a Hiperanto*. Eubule a Demarco. Daplídice* a Pugnón*. Hero a Andrómaco. 6

Europome* a Atletes. Pirantis* a Plexipo. Critomedía a Antípafo. Pirene a Dólico. Eufeme a Hiperbio. Tesmistágora a Podásimo*. 7

Celeno a Aristónoo. Itea a Antíoco. Erato a Eudemón[417]. 8
Hipermestra respetó a Linceo. Cuando Dánao murió y Abante fue el primero en anunciárselo, Linceo miró a su alrededor, buscando algo en el templo con lo que obsequiarlo y por casualidad vio un escudo que Dánao había consagrado a Juno y que había llevado en su juventud.

Lo desclavó y se lo entregó a Abante, estableciendo unos 9
juegos que se celebran cada cuatro años y que se llaman

417. Higino menciona sólo 93 nombres. Otro catálogo en Apolodoro II 1, 4.

ἀσπὶς ἐν Ἄργει[418]. En estos juegos a los atletas no se les da una corona, sino un escudo.

10 Por su parte, las Danaides, después de la muerte de su padre, tomaron maridos argivos y sus hijos fueron llamados <dánaos> por ellas.

171. Altea

1 Eneo y Marte se acostaron con Altea, hija de Testio, la misma noche. Cuando Meleagro nació de ellos, de repente aparecieron en el palacio las Parcas, Cloto, Láquesis y Átropo.

2 Le predijeron así su destino: Cloto dijo que sería noble; Láquesis valiente; y Átropo, contemplando un tizón que estaba ardiendo en el hogar, dijo: «Vivirá mientras no se haya consumido este tizón».

3 Su madre Altea, al oírlo, saltó del lecho, apagó el tizón del destino y lo enterró en el patio del palacio para que no pudiera ser consumido por el fuego[419].

172. Eneo

1 Como Eneo, hijo de Portaón, rey de Etolia, hubiese ofrecido sacrificios anuales a todos los dioses y se hubiese olvidado de Diana, ella envió, encolerizada, un jabalí de enorme tamaño para que devastara el campo de Calidón. Entonces

418. *aspìs en Árgei,* ‘El escudo de Argos’. Cf. *Fáb.* 273.
419. El asunto aparece ya en Baquílides, *Epinicios* V 76-175.

Meleagro, hijo de Eneo, prometió que iría para capturarlo con caudillos escogidos de Grecia.

173. Los que fueron contra el jabalí de Calidón

Cástor y Pólux, hijos de Júpiter. Éurito, hijo de Mercurio, 1
de Esparta. Equión, hijo de Mercurio, de Tebas. Esculapio,
hijo de Apolo. Jasón, hijo de Esón, de Tebas[420]. Alcón, hijo
de Marte, de Tracia. Eufemo, hijo de Neptuno.

Yólao, hijo de Íficlo. Linceo e Idas, hijos de Afareo. Pe- 2
leo, hijo de Éaco. Telamón, hijo de Éaco. Admeto, hijo de
Feres. Laertes, hijo de Arcesio. Deucalión, hijo de Minos.
Teseo, hijo de Egeo. Plexipo, Ideo y Linceo, hijos de Testio
y hermanos de Altea.

Hipótoo, hijo de Cerción[421]. Ceneo, hijo de Élato. Mop- 3
so, hijo de Ámpico. Meleagro, hijo de Eneo. Hípaso, hijo
de Éurito. Anceo, hijo de Licurgo. Fénix, hijo de Amíntor.
Driante, hijo de Jápeto[422]. Enésimo, Alcón, Leucipo, hijos
de Hipocoonte, de Amiclas. Atalanta, hija de Esqueneo[423].

<173 A> Las ciudades que prestaron ayuda a Eneo

Ténedos, Yolco, Esparta, Pleurón, Mesene, Perrebia, Ptía,
Magnesia, Salamina, Calidón, Tesalia, Ecalia, Ítaca, Tegea, 1
Creta, Dolopia, Atenas y Arcadia.

420. En el resto de las fuentes es de Yolco.
421. Nieto en la *Fáb.* 187.
422. Hijo de Ares en Apolodoro, I 8, 2.
423. Otros catálogos en Apolodoro, I 8, 2; Ovidio, *Met.* VIII 299 ss.; Pausanias, VIII 45, 6-7.

174. Meleagro

1 Altea, hija de Testio, engendró de Eneo a Meleagro. Se dice que entonces en el palacio apareció un tizón ardiendo.

2 Las Parcas se presentaron y predijeron el destino de Meleagro, esto es, que viviría mientras el tizón estuviese en buen estado.

3 Altea lo conservó con cuidado, encerrado dentro de un cofre.

4 Entretanto, Diana, encolerizada porque Eneo no le había ofrecido los sacrificios anuales, envió un jabalí de sorprendente tamaño para que devastara el campo de Calidón.

5 Meleagro, con la ayuda de jóvenes escogidos de Grecia, lo mató y regaló su piel a la doncella Atalanta para recompensar su valor. Ideo, Plexipo y Linceo, hermanos de Altea, intentaron arrebatársela.

6 Ella pidió ayuda a Meleagro, que intervino y, anteponiendo el amor al parentesco, mató a sus tíos. Cuando su madre Altea oyó que su hijo había osado cometer semejante crimen, se acordó de la advertencia de las Parcas, sacó el tizón del cofre y lo echó al fuego. Así, queriendo vengar la muerte de sus hermanos, mató a su hijo.

7 En cambio, sus hermanas, salvo Gorge y Deyanira, por deseo de los dioses se convirtieron, mientras lloraban, en las aves que se llaman *meleágrides*[424]; y su esposa Alcíone[425] murió abatida de pena.

424. Nombre que en griego se da a las «pintadas» o gallinas de Guinea. Cf. Ovidio, *Met.* VIII 533 ss. Según Antonino Liberal, *Transf.* 2, 6 y ss., Diana fue quien las transformó y las envió a la isla de Leros.

425. Cleopatra, en Homero, *Il.* IX 556 (que no menciona el tizón ni a Atalanta); Pausanias, IV 2, 5; Apolodoro, I 8, 2.

175. Agrio

Agrio, hijo de Partaón[426], al ver que su hermano Eneo se 1 había quedado sin hijos y en la miseria, lo expulsó del poder y se apoderó del trono.

2 Entretanto Diomedes, hijo de Tideo y de Deípila, tras la caída de Ilión, cuando oyó que su abuelo había sido expulsado del reino, acudió a Etolia con Esténelo, hijo de Capaneo, y luchó con sus armas contra Licopeo, hijo de Agrio. Lo mató y expulsó del reino a Agrio y restituyó el trono a su abuelo Eneo.

3 Después Agrio, despojado del reino, se suicidó.

176. Licaón

1 Se dice que Júpiter llegó como huésped ante Licaón, hijo de Pelasgo, y que se unió a su hija Calisto. Fruto de ello nació Árcade, quien dio su nombre a ese territorio[427].

2 Pero los hijos de Licaón intentaron poner a prueba a Júpiter para ver si era un dios; mezclaron carne humana con otra carne y se la sirvieron en un banquete.

3 Al darse cuenta, derribó enfadado la mesa y mató con su rayo a los hijos de Licaón. Más tarde Árcade construyó una ciudad, que se llamó Trapezunte[428]. Y Júpiter a su padre lo transformó en lobo[429].

426. Portaón en Apolodoro, I 1, 7.
427. Arcadia: Apolodoro, III 8, 2, relata que Zeus se lo confió a Maya y ella lo crió en Arcadia.
428. Porque en griego recuerda a *trápeza* «mesa».
429. Que es lo que significa el nombre de Licaón en griego.

177. Calisto

1 Dicen que Calisto, hija de Licaón, se convirtió en osa a causa de la ira de Juno, por haber yacido con Júpiter. Después Júpiter la incluyó entre el número de las estrellas y se llamó Septentrión[430]. Esta constelación no se desplaza de su lugar ni se oculta. En efecto, Tetis, esposa de Océano y nodriza de Juno, no le permite ocultarse en el Océano.

2 Ésta es, por ello, la Osa Mayor, de la que se dice en versos créticos[431]:

3 «Tú, simiente, de la transformada ninfa, hija de Licaón,
a quien, raptada de la gélida cima de Nonacris[432],
prohíbe siempre Tetis en el Océano sumergirse
por haber osado antaño con su pupila rivalizar.»[433].

4 Así pues, los griegos llaman Hélice a esta osa. Tiene siete débiles estrellas en la cabeza; dos en cada oreja; una en la espalda; una brillante en el pecho; una en la pata delantera; una brillante en el lomo; dos en el muslo posterior; dos en el extremo de la pata; tres en la cola. Veinte en total[434].

178. Europa

1 Europa, hija de Argíope y de Agénor, era de Sidón. Júpiter se transformó en toro, la llevó desde Sidón a Creta y engendró de ella a Minos, Sarpedón y Radamante.

430. «Siete bueyes», esto es, las siete estrellas que tiran del Carro.
431. En realidad, hexámetros. Para este fragmento: *vid.* Courtney, 1993, 457; Cameron, 2004, 39 ss.
432. Monte de Arcadia.
433. Cf. Higino, *Astronomía* II 5.
434. Veintidós en total.

Su padre Agénor envió a sus hijos con la orden de que trajeran a su hermana de vuelta o, en caso contrario, que no regresaran ante su presencia. 2

Fénix marchó a África y allí se quedó[435]. Por eso los africanos son llamados púnicos. Cílix dio su nombre a Cilicia. 3

Cadmo, mientras andaba errante, llegó hasta Delfos. Allí el oráculo le respondió que comprara a unos pastores un buey con una marca en forma de luna en el costado y que lo hiciera avanzar delante de él: allí donde se acostara estaba destinado que él fundara una ciudad y la gobernara. 4

Tras oír el oráculo, Cadmo cumplió las órdenes y, buscando agua, llegó a la fuente Castalia, que custodiaba un dragón, hijo de Marte. El dragón mató a los compañeros de Cadmo, pero Cadmo lo mató con una piedra. Minerva le indicó que levantara surcos y sembrara sus dientes; y de ellos nacieron los Espartos[436]. 5

Éstos lucharon entre sí y sobrevivieron cinco de ellos, a saber, Ctonio, Udeo, Hiperénor, Peloro y Equión[437]. Por otro lado, el buey que había seguido Cadmo dio nombre a Beocia. 6

179. Sémele

Cadmo, hijo de Agénor y de Argíope, tuvo de Harmonía, hija de Marte y de Venus, cuatro hijas, Sémele, Ino, Ágave, Autónoe, y un hijo, Polidoro. 1

435. En Apolodoro, III 1, 1, marcha a Fenicia.
436. Esto es, 'Los sembrados'. Sobre el dragón y la siembra de los dientes: Eurípides, *Fenicias* 939 ss.; Ovidio, *Met.*, III 26 ss.
437. Cf. Apolodoro, III 4, 1; Pausanias, IX 5, 3.

2 Júpiter quería acostarse con Sémele y, cuando Juno se enteró, adoptó la apariencia de la nodriza Béroe, se presentó ante ella y la persuadió para pedir a Júpiter que se presentase ante ella del mismo modo que ante Juno, «para que sepas», dijo, «qué placer es yacer con un dios».

3 Por tanto, Sémele pidió a Júpiter que acudiera a ella de ese modo. Para complacerla, Júpiter llegó con rayos y truenos, y Sémele se abrasó. De su vientre nació Líber, a quien Mercurio sacó del fuego y se lo entregó a Niso para que lo criara. En griego fue llamado Dioniso.

180. Acteón

1 El pastor Acteón, hijo de Aristeo y de Autónoe, vio a Diana mientras se bañaba y quiso violarla. Por ese motivo Diana hizo que le brotaran cuernos en la cabeza y fuera devorado por sus propios perros[438].

181. Diana

1 En la estación veraniega Diana, fatigada de cazar sin parar en el frondosísimo valle que se llama Gargafia, estaba tomando un baño en la fuente llamada Partenia. Acteón, nie-

438. Cf. Diodoro, IV 81, 3-5; Nono de Panópolis, *Dionisíacas* V 432 ss. En la fábula siguiente Higino da la versión más difundida en época romana, según la cual fue castigado por verla desnuda: cf. Calímaco, *El baño de Palas* 110 ss.; Ovidio, *Met.* III 138 ss.; Séneca, *Edipo* 751-763; Apuleyo, *Las metamorfosis* II 4. Según Eurípides, *Bacantes* 337 ss., Acteón se jactó de ser superior a la diosa en el arte de la caza.

to de Cadmo e hijo de Aristeo y de Autónoe, se dirigió al mismo lugar para refrescarse él y sus perros, a los que había adiestrado para perseguir animales salvajes, y se puso a la vista de la diosa.

Para que no pudiera hablar, la diosa cambió su aspecto 2
por el de un ciervo. Así, sus perros lo despedazaron como si fuera un ciervo.

Sus nombres eran[439]: los machos Melampo, Icnóbates, Pán- 3
fago, Dorceo, Oríbaso, Nebrófono, Lélape, Terón, Ptérelas, Hileo, Nape, Ladón, Peménide, Terodanapis, Aura, Lacón, Harpía, Aelo, Drómade, Too, Cánaque, Ciprio, Esticte, Labro, Árcade, Agriodonte, Tigre, Hilétor, Alce, Hárpalo, Licisca, Melaneo, Lacne, Leucón.

Asimismo, tres que lo devoraron eran hembras: Melanque- 4
tes, Agre, Teridamante y Oresítrofo.

Otros autores transmiten también estos nombres: Acaman- 5
te, Siro, Eón, Estilbón, Agrio, Cárope, Etón, Coro, Bóreas, Dragón, Eudromo, Dromio, Céfiro, Lampo, Hemón, Cilópodes, Harpálico, Máquimo, Icneumón, Melampo[440], Ocídromo, Bórax, Ocítoo, Páquito, Óbrimo.

Y las hembras Argo, Aretusa, Urania, Teríope, Dinóma- 6
que, Dioxipe, Equíone, Gorgo, Cilo, Harpía, Linceste, Leena, Licena, Ocípode, Ocídrome, Oxíboe, Oríade, Sainón, Terífone, Hileo y Quedietro*[441].

439. Al margen de que los nombres de machos y hembras aparecen mezclados, muchos de ellos son mencionados por Ovidio, *Met.* III 207 ss. Otros nombres en Apolodoro, III 4, 4. Todos son griegos en transcripción latina y la mayoría alude al aspecto o carácter de los perros: Melampo ('Patas negras'), Icnóbates ('Rastreador'), Pánfago ('Tragón'), etc.

440. Mencionado ya en 3.

441. Harpía e Hileo, mencionados ya en 3.

182. Las hijas de Océano

1 Las hijas de Océano son Idía, Altea y Adrasta, pero otros dicen que eran hijas de Meliseo y nodrizas de Júpiter.

2 Estas ninfas son llamadas Dodónides (otros las llaman Naides)[442] <...> Sus nombres son Ciseide, Nisa, Erato, Erifía, Dromia, Polihimno. Ellas obtuvieron en el monte Nisa un regalo de su pupilo, que se lo había pedido a Medea, y quitándose de encima la vejez se volvieron jóvenes. Después, inmortalizadas entre las estrellas, se llaman Híades.

3 Otros refieren que se llamaban Arsínoe, Ambrosia, Bromia, Ciseide y Corónide.

183. Los nombres de los caballos del Sol y de las Horas

1 Eo, que hace girar el cielo. Etíope es casi una llama que hace madurar los frutos. Estos caballos de tiro son machos.

2 Las hembras, uncidas, son Bronte, que nosotros llamamos Trueno, y Estérope, que llamamos Relámpago. Eumelo de Corinto es la fuente de este asunto[443].

3 Igualmente Homero[444] menciona algunos: Abraxas, <Sóter, Bel, Yao>[445]. También Ovidio: Pirois, Eo, Etón y Flegonte[446].

442. O Náyades.
443. Poeta épico griego del siglo VIII a. C., del que sólo conservamos unos pocos fragmentos.
444. Ignoramos a qué Homero se refiere.
445. El texto, muy corrupto, fue corregido así por Bursian.
446. Cf. Ovidio, *Met.* II 153-154.

Éstos son los nombres de las Horas, hijas de Júpiter, hijo 4
de Saturno, y de la Titánide Temis: Auxo, Eunomía, Ferusa, Carpo, Dice, Emporia, Irene, Ortosia, Talo[447].

Otros autores transmiten diez con estos nombres: Auge, 5
Anátole, Música, Gimnástica, Ninfe, Mesembria, Esponde, Elete*, Acte*, Hésperis, Disis.

184. Penteo y Ágave

Penteo, hijo de Equión y de Ágave, negaba que Líber fuese 1
un dios y no quiso acoger sus misterios. A consecuencia de ello su madre Ágave, en compañía de sus hermana Ino y Autónoe, enloquecidas por Líber, lo desmembraron.

Cuando Ágave recobró la cordura y vio que, por instiga- 2
ción de Líber, había perpetrado tal crimen, huyó de Tebas. En su vagar llegó al territorio de Iliria junto al rey Licoterses, que la acogió[448].

185. Atalanta

Se dice que Esqueneo tuvo una hija, Atalanta, una doncella 1
bellísima, que por su vigor superaba a los hombres en la carrera. Ella pidió a su padre mantenerse virgen.

447. Hesíodo, *Teog.* 901-903, menciona únicamente tres: Eunomía, Dice e Irene (cf. Apolodoro, I 3, 1). Los atenienses las llamaban Talo, Auxo y Carpo, nombres que indican 'brotar', 'crecer' y 'fructificar': *vid.* Pausanias, IX 35, 2.

448. Higino es la única fuente que menciona a Licoterses. Cf. también *Fáb.* 240 y 254.

2 Por ello, dado que era solicitada en matrimonio por muchos, su padre estableció una prueba[449]: el pretendiente que quisiera llevársela tendría primero que competir con ella en una carrera. Una vez fijados los límites, correría desarmado; y ella lo perseguiría con un dardo; y, si lo alcanzaba dentro de los límites, lo mataría y clavaría su cabeza en el estadio.

3 Ya había vencido y matado a muchos, cuando al fin fue vencida por Hipómenes[450], hijo de Megareo y de Mérope. Éste, en efecto, había recibido de Venus tres manzanas de extraordinaria belleza y le había enseñado cómo debía usarlas.

4 Arrojándolas durante la carrera, consiguió contener el ímpetu de la muchacha. Pues ella, mientras se paraba a recogerlas y admiraba su oro, se desvió y entregó la victoria al joven.

5 Por su ingenio, Esqueneo le entregó de buen grado a su hija como esposa. Pero cuando la llevaba a su patria, se olvidó de que había vencido gracias a Venus y no se lo agradeció

6 Como Venus estaba encolerizada, mientras hacía un sacrificio en honor de Júpiter Vencedor en el monte Parnaso, excitado de deseo, se acostó con Atalanta en el templo y, por esa acción, Júpiter los convirtió en un león y una leona, a los que los dioses niegan el placer de Venus.

449. Cf. Teócrito, *Idilios* III 40-42; Ovidio, *Met.*, X 560 ss.; Servio, *Comentarios a la Eneida*, III 113.
450. Llamado Melanión por Apolodoro, III 9, 2.

186. Melanipe[451]

A Melanipe, la bellísima hija de Desmontes[452] o de Eolo, 1
según dicen otros poetas, la poseyó Neptuno. De ella tuvo dos hijos.

Cuando Desmontes lo descubrió, cegó a Melanipe y la en- 2
cerró en una fortaleza, con la orden de suministrarle poca comida y bebida y de arrojar a los niños a las fieras.

Al ser arrojados, llegó una vaca lechera junto a ellos y les 3
ofreció sus ubres. Después unos boyeros los vieron y los recogieron para criarlos.

Entretanto Metaponto, rey de Icaria, pedía a su esposa 4
Teano que le diera hijos o renunciara al trono. Ella envió temerosa a buscar a los pastores para que encontraran algún niño que pudiera ofrecer al rey. Enviaron a los dos niños que habían encontrado y ella los presentó ante el rey Metaponto como propios.

Después Teano engendró dos hijos de Metaponto. Pero 5
como Metaponto amaba mucho a los mayores porque eran hermosísimos, Teano se proponía eliminarlos y preservar el trono para sus propios hijos.

Llegó el día en que Metaponto salía a realizar un sacrificio a 6
Diana Metapontina. Teano, aprovechando la oportunidad, reveló a sus hijos que los mayores eran adoptivos y les dijo: «Por tanto, cuando salgan a cazar, matadlos con los cuchillos».

451. Eurípides le dedicó a este mito dos tragedias perdidas: *Melanipe sabia* y *Melanipe encadenada*. Pero Higino es nuestra fuente principal sobre este personaje.

452. Esta filiación parece una confusión de Higino, originada probablemente a partir del título de una de las tragedias que le dedicó Eurípides: *Melanipe Desmotis* («Encadenada»).

7 Salieron al monte por consejo de su madre y trabaron combate contra ellos. Pero los hijos de Neptuno resultaron vencedores gracias a la ayuda de su padre y mataron a aquéllos. Cuando sus cuerpos fueron llevados a palacio, Teano se mató con un cuchillo de caza.

8 Los vengadores Eolo y Beoto huyeron junto a los pastores que los habían criado; y allí Neptuno les reveló que eran sus hijos y que su madre estaba encarcelada.

9 Ellos llegaron ante Desmontes, lo mataron, liberaron a su madre de la prisión y Neptuno le devolvió la vista. Sus hijos la llevaron a Icaria ante el rey Metaponto y le relataron la perfidia de Teano.

10 Después Metaponto desposó a Melanipe y los adoptó como hijos. A partir de su nombre, en la Propóntide Beoto fundó Beocia; y Eolo, Eolia.

187. Álope

1 Álope, hija de Cerción, era bellísima y Neptuno yació con ella. De esa unión engendró a un niño y, sin que su padre lo supiera, se lo entregó a una nodriza para que lo abandonara.

Después de ser abandonado, llegó una yegua y le dio leche.

2 Un pastor que perseguía a la yegua, vio al niño y lo recogió. Al llevarlo a su choza, como estaba vestido con ropas reales, otro compañero pastor le pidió que le entregara al niño.

3 Aquél se lo dio sin la ropa y surgió una riña entre ellos, porque el que había recibido al niño reclamaba los emblemas de su nobleza, pero aquél no se los daba. Discutieron y, presentándose ante el rey Cerción, se pusieron a discutir.

El que había recibido al niño empezó a reclamar los emblemas y, cuando se los llevaron, Cerción reconoció que habían sido desgarrados de un vestido de su hija. Asustada, la nodriza de Álope confesó al rey que el niño era de Álope y él ordenó encerrar a Álope hasta la muerte y arrojar al niño. 4

De nuevo una yegua lo amamantó; y de nuevo unos pastores hallaron al niño y se encargaron de él; lo criaron, pues se dieron cuenta de que lo protegía una voluntad divina, y le dieron el nombre de Hipótoo[453]. 5

Cuando Teseo pasaba por allí desde Trecén, mató a Cerción; Hipótoo, sin embargo, se presentó ante Teseo y le pidió el trono de su abuelo. Teseo se lo entregó de buena gana, porque sabía que era hijo de Neptuno y, por tanto, era de su mismo linaje. 6

Neptuno transformó el cuerpo de Álope en una fuente a la que dio su nombre. 7

188. Teófane

Teófane, hija de Bisaltes, era una joven bellísima. Como la solicitaban numerosos pretendientes, Neptuno la trasladó a la isla de Crumisa[454]. 1

Cuando los pretendientes supieron que moraba allí, equiparon una nave y se dispusieron a alcanzar Crumisa. Neptuno, para engañarlos, transformó a Teófane en una hermosísima 2

453. Esto es, Hipotoonte, epónimo de una de las diez tribus atenienses: *vid.* Pausanias, I 5, 2; y I 39, 3.
454. Ignoramos a qué isla se refiere.

oveja, a sí mismo en un carnero[455] y a los habitantes de la isla en ganado.

3 Al llegar allí y no encontrar hombre alguno, los pretendientes comenzaron a matar el ganado y a comérselo para sobrevivir.

4 Cuando Neptuno vio que se estaban comiendo a los que había transformado en ganado, convirtió a los pretendientes en lobos; y él, por su parte, bajo la forma de un carnero, copuló con Teófane. De esa unión nació un carnero con la piel de oro, que llevó a Frixo a la Cólquide. Eetes puso su piel en el bosque consagrado a Marte, pero Jasón se la llevó.

189. Procris

1 Procris era hija de Pandión[456]. Céfalo, hijo de Deyón, la tuvo por esposa. Como se profesaban mutuo amor, se prometieron fidelidad.

2 Sin embargo, Céfalo era aficionado a la caza y un día salió de madrugada al monte. Aurora, esposa de Titono se enamoró de él y le pidió que se acostaran. Céfalo se negó porque había prometido ser fiel a Procris.

3 Entonces Aurora dijo: «No quiero que traiciones el juramento, a no ser que ella lo haya hecho antes». Entonces le dio la apariencia de un forastero y le entregó preciosos regalos para que se los diese a Procris. Cuando Céfalo llegó, con su aspecto totalmente cambiado, le dio los regalos a Procris y se acostó con ella. Entonces Aurora hizo desaparecer su aspecto de forastero.

455. Cf. Ovidio, *Met.* VI 117.
456. En el resto de las fuentes hija de Erecteo. Tambien en *Fáb.* 253, 2.

Cuando vio a Céfalo, se dio cuenta de que Aurora la había engañado y huyó desde allí a la isla de Creta, donde Diana estaba cazando. Diana la vio y dijo: «Conmigo cazan las vírgenes, pero tú no lo eres; fuera de esta reunión». 4

Procris le contó sus infortunios y que había sido engañada por Aurora. Diana se apiadó de ella y le dio una jabalina que nadie podía esquivar y el perro Lélape, del que ninguna presa podía escapar, y ordenó que se marchara a enfrentarse con Céfalo[457]. 5

Ella, por voluntad de Diana, llegó ante Céfalo con el pelo rapado y atuendo de muchacho, lo retó y lo venció en una cacería. Cuando Céfalo vio la enorme eficacia del perro y de la jabalina, pidió al forastero, sin saber que era su propia esposa, que le vendiera la jabalina y el perro. 6

Al principio se negó. Entonces él le prometió también una parte de su reino; y ella también se negó. «Pero si de todos modos te empeñas en poseerlo –dijo–, dame lo que suelen dar los mozos»[458]. Él, animado por el afán de poseer el perro y la jabalina, prometió que lo haría. 7

Cuando entraron en el lecho, Procris se levantó la túnica y mostró que era una mujer y su esposa. Se hicieron regalos y Céfalo se reconcilió con ella[459]. 8

No obstante, una madrugada lo siguió para espiarlo, porque seguía temiendo a Aurora, y se ocultó entre unos matorrales. Al ver moverse los matorrales, Céfalo lanzó la jabalina infalible y mató a su esposa. 9

457. Cf. Ovidio, *Met.* VII 754-756. Según Apolodoro, III 15, 1, fueron regalos de Minos por haberse acostado con él.
458. El término castellano 'mozo' refleja bastante bien la connotaciones del original *puer,* alusivo a un esclavo con el que hay un intercambio sexual.
459. Pues Procris le reprochó haber cometido una falta más grave que la suya: cf. Antonino Liberal, *Transformaciones* 41, 7. Ovidio, *Met.* VII 670 ss.

10 Céfalo tuvo de ella un hijo, Arcesio, de quien nació Laertes, padre de Ulises.

190. Teónoe[460]

1 El adivino Téstor tuvo un hijo, Calcante, y dos hijas, Leucipe y Teónoe, a la que unos piratas raptaron de la playa, mientras jugaba, y la llevaron a Caria. El rey Ícaro la compró como concubina.

2 Téstor salió en busca de su hija desaparecida y, a causa de un naufragio, llegó al país de Caria y fue encarcelado allí donde también moraba Teónoe.

3 A su vez, Leucipe, con su padre y su hermana desaparecidos, fue a Delfos a preguntar si debía buscarlos. Entonces Apolo respondió: «Marcha a través de la tierra como sacerdote mío y los hallarás».

4 Al oír la respuesta, Leucipe se cortó el cabello y fue alrededor de la tierra como un joven sacerdote para buscarlos. Cuando llegó a Caria y Teónoe la vio, creyendo que era un sacerdote, se enamoró y ordenó que lo llevaran a su presencia para acostarse con él.

5 Pero ella, dado que era una mujer, dijo que eso no era posible. Teónoe ordenó enfadada encerrar al sacerdote en una habitación y enviar a un esclavo del calabozo para matar al sacerdote.

6 El anciano Téstor fue enviado a matarlo, sin saber que era su hija. Teónoe no lo reconoció y le dio una espada con la orden de matar al sacerdote. Cuando entró, espada en mano,

460. Esta aventura novelesca sólo nos la transmite Higino.

dijo que se llamaba Téstor; que había perdido a sus dos hijas Leucipe y Teónoe, y había llegado a tal punto de desgracia que se le ordenaba cometer un crimen.

Dio la vuelta a la espada hacia sí con la intención de ma- 7
tarse, pero Leucipe, al oír el nombre de su padre, le quitó
la espada. Cuando ella iba a matar a la reina, pidió ayuda a
su padre Téstor; y Teónoe, al oír el nombre de su padre, demostró que era su hija. Tras producirse el reconocimiento, el rey Ícaro lo envió de regreso a su patria con presentes.

191. El rey Midas

Midas, rey de Migdonia, hijo de la diosa Madre[461], por Tmo- 1
lo <...> fue elegido aquella vez en que Apolo compitió con Marsias o Pan tocando la zampoña. Aunque Tmolo dio la victoria a Apolo, Midas dijo que mejor se la daría a Marsias.

Entonces Apolo dijo indignado a Midas: «Tendrás unas 2
orejas semejantes a tu talento como juez». Nada más oír esas palabras, hizo que le salieran orejas de burro.

Por aquel tiempo, cuando el padre Líber conducía su ejér- 3
cito a la India, Sileno se extravió y Midas lo acogió como huésped con generosidad y le dio un guía para que le acompañara hasta el cortejo de Líber.

Por su parte, el padre Líber, en recompensa por su favor, 4
le concedió la facultad de pedirle lo que quisiera. Midas le pidió que todo lo que tocara se convirtiera en oro. Consiguió su deseo y, al llegar a su palacio, todo lo que tocaba se convertía en oro.

461. Es decir Cibeles: *vid.* Ovidio, *Met.* XI 106.

5 Cuando ya le atormentaba el hambre, pidió a Líber que le quitara el precioso don. Líber le ordenó lavarse en el río Pactolo y, cuando su cuerpo entró en contactó con el agua, se volvió de color dorado. Ese río de Lidia se llama ahora Crisórroas[462].

192. Hiante

1 Atlas tuvo de Pléyone o de una Oceánide doce hijas y un hijo, Hiante, a quien mató un jabalí o un león; y sus hermanas, mientras lo lloraban, se consumieron de dolor.

2 Las cinco primeras fueron puestas entre las estrellas y tienen su lugar entre los cuernos de Tauro: Fésile, Ambrosia, Corónide, Eudora y Polixo, que son llamadas Híades a partir del nombre de su hermano; y en latín se llaman Súculas[463].

3 Algunos dicen que se llaman Híades por tener la forma de la letra Y. Otros que, cuando salen, traen lluvias (en griego además 'llover' es *hýein*). Hay quienes creen que están entre las estrellas por haber sido las nodrizas del padre Líber, a quienes Licurgo echó de la isla de Naxos[464].

4 El resto de las hermanas, consumidas por el dolor, se convirtieron después en estrellas, y, como eran muchas, fueron llamadas Pléyades. Algunos creen que fueron nombradas así, porque están muy juntas, esto es *plesíon*[465]: pues están tan

462. El Pactolo era un río de Lidia famoso por sus arenas auríferas.
463. 'Cerditas', traducción del término griego ὗς, *hŷs,* cf. Plinio, *Historia natural* II 106.
464. Cf. Higino, *Astr.* II 2.
465. Transcripción del griego πλησίον, 'cerca'.

amontonadas que apenas se pueden contar, y nunca es seguro, a la vista de nadie, si se aprecian seis o siete.

Sus nombres son: Electra, Alcíone, Celeno, Mérope, Es- 5
térope, Taígete y Maya[466]. De ellas se niega que aparezca Electra a causa de la muerte de Dárdano y del saqueo de Troya; y otros creen que Mérope parece enrojecer por haber tenido un marido mortal[467], mientras que las otras se desposaron con dioses.

Por esa razón, expulsada del círculo de sus hermanas, lle- 6
va afligida el pelo suelto y se llama cometa o *longodes*[468], por dirigirse a lo largo, o *xiphias*[469], por tener la forma de una punta de espada. Esta estrella presagia desgracia.

193. Harpálico[470]

El tracio Harpálico, rey de los amimneos, tenía una hija, 1
Harpálice. Al morir la madre, la amamantó con las ubres de sus vacas y yeguas y, cuando creció, la entrenó en el manejo de las armas con la esperanza de tener un sucesor de su reino. La muchacha no defraudó las expectativas de su padre, pues llegó a ser una guerrera tan diestra que incluso daba seguridad a su padre.

466. Cf. Apolodoro, III 10, 1; Arato, *Fenómenos* 254-268; Eratóstenes, *Catasterismos* 23; Ovidio, *Fast.* IV 169 ss.
467. Sísifo.
468. Esto es λογχώδης *lonchōdēs,* 'como una lanza'.
469. Del griego ξίφος, *xíphos,* 'espada'. Sobre estas estrellas: Plinio, *Historia natural* II 89.
470. La primera versión de este mito aparece en Virgilio, *Eneida* I 315 ss. Cf. *Fáb*. 252 y 254.

2 En efecto, Neoptólemo, al regresar desde Troya, atacó a Harpálico y lo hirió de gravedad, pero ella salvó a su padre de morir con el ataque que desplegó y puso en fuga al enemigo. Pero después Harpálico murió en un levantamiento de los ciudadanos. Entonces Harpálice, que asimiló mal la muerte de su padre, se dirigió a los bosques y allí se puso a arrasar los establos de las bestias. Al final pereció en un enfrentamiento con los pastores.

194. Arión

1 Como Arión de Metimna[471] fuera un virtuoso en el arte de la cítara y el rey Piranto[472] de Corinto le tuviera aprecio, pidió al rey permiso para divulgar su talento por las ciudades y se procuró un gran patrimonio. Sus criados se pusieron de acuerdo con unos navegantes para matarlo.

2 Apolo se le apareció mientras dormía. Le dijo que, vestido con su atuendo y su corona, no dejara de cantar y que se entregara a los que acudieran a defenderlo. Así que, cuando sus criados y los navegantes se disponían a matarlo, les rogó que antes le dejaran cantar.

3 Pero, al oír su voz y el son de la cítara, llegaron unos delfines alrededor de la nave y él, nada más verlos, se arrojó por la borda, los delfines lo recogieron y lo llevaron a Corinto junto al rey Piranto. Cuando Arión salió a tierra, ansioso por caminar, no llevó su delfín al mar y murió allí.

4 Cuando relató a Piranto sus desdichas, el rey ordenó sepultar el delfín y erigir un monumento en su memoria. Poco tiem-

471. Ciudad de la isla de Lesbos.
472. Periandro en Heródoto, I 24.

po después, anunciaron a Piranto que una tempestad había
arrastrado hasta Corinto la nave en la que había viajado Arión.
Ordenó conducir a sus ocupantes ante su presencia y, al 5
preguntarles sobre Arión, dijeron que había muerto y que
lo habían enterrado. Entonces el rey les respondió: «Maña-
na lo juraréis ante el monumento del delfín».
Por ese motivo mandó que se les vigilara y ordenó a Arión 6
que se ocultara al amanecer en el monumento del delfín,
vestido igual que cuando se tiró al mar.
Cuando el rey los citó y les ordenó jurar por el alma del 7
delfín que Arión había perecido, Arión salió del monumento.
Se quedaron atónitos y enmudecieron, considerando que al-
guna divinidad lo habría salvado.
El rey ordenó que los crucificasen ante el monumento del 8
delfín. A su vez, Apolo, por su talento con la cítara, puso a
Arión y al delfín entre las estrellas.

195. Orión

Júpiter, Neptuno y Mercurio llegaron a Tracia como hués- 1
pedes ante el rey Hirieo[473] y, como él los acogiera con gene-
rosidad, le concedieron la opción de pedirles lo que quisie-
ra y él les pidió hijos.
Mercurio sacó la piel de un toro que el propio Hirieo ha- 2
bía inmolado en su honor y ellos orinaron dentro de ella y
la enterraron. De ahí nació Orión[474].

473. Cf. Ovidio, *Fast.* V 499.
474. Pues en griego 'orinar' es *oureîn.*

3 Éste intentó violar a Diana y resultó muerto a manos de ella[475]. Después Júpiter lo incluyó en el número de las constelaciones y a esa constelación la llaman Orión.

196. Pan

1 En Egipto los dioses se asustaron por el monstruo Tifón. Pan les ordenó que se transformaran en animales para poder engañarlo más fácilmente; y Júpiter después lo mató con su rayo.

2 Pan, por deseo de los dioses, ya que gracias a su consejo habían conseguido escapar del ataque de Tifón, fue incluido entre el número de las constelaciones y, como por aquella época se había convertido en cabra, se le llama *Egócero*[476], llamado por nosotros Capricornio.

197. Venus[477]

1 Se dice que un huevo de dimensiones extraordinarias cayó al río Éufrates desde el cielo y unos peces lo llevaron hasta la orilla. Unas palomas se posaron sobre él lo incubaron y salió Venus, llamada más tarde diosa Siria. Ella superaba a los de-

475. Hijo de Posidón y de Euríale en Eratóstenes, *Catasterismos* 32 (que dice que la diosa envió un escorpión gigantesco que acabó con él). Cf. Apolodoro, I 4, 3. En Higino, *Astr.* II 34, la tierra hizo surgir el escorpión, porque Orión se había vanagloriado de poder matar a todo animal con el que se encontrara. Por eso la constelación de Orión huye de la del Escorpión: cuando las pinzas de éste aparecen en el horizonte, Orión desaparece en el cielo.
476. Esto es, αἰγόκερως, *aigókerōs,* 'que tiene cuernos de macho cabrío'.
477. Cf. *Escolio a Germánico* 81, 20 y 145, 10.

más en justicia y honradez y Júpiter le concedió su deseo de que los peces fuesen incluidos en el número de las constelaciones y, como consecuencia de ello, los sirios incluyen a los peces y a las palomas entre sus dioses y no se los comen[478].

198. Niso

Niso, hijo de Marte o, según dicen otros, hijo de Deyón[479], tenía un cabello rojo en la cabeza. Un oráculo le respondió que reinaría mientras conservara su cabello. 1

Cuando Minos, hijo de Júpiter, fue a atacarlo, Escila, hija de Niso, se enamoró de él por instigación de Venus y, para que resultara vencedor, le cortó a su padre el fatídico cabello mientras dormía. Así pues, Niso fue derrotado por Minos[480]. 2

Cuando iba a regresar a Creta, le pidió que la llevara consigo con arreglo a su promesa; pero él dijo que la santísima Creta no acogería un crimen semejante. Y ella se arrojó al mar para que no la persiguiera. 3

Niso, mientras perseguía a su hija, se transformó en el ave *haliaetos*[481], esto es, un águila marina; y su hija Escila en el pez que llaman *ciris*[482]. Todavía hoy, si esa ave ve alguna vez un pez nadando, se lanza al agua, se apodera de él y lo despedaza con sus garras[483]. 4

478. Cf. Diodoro, II 4-6.
479. En Apolodoro, III 15, 8, Niso era hijo de Pandión.
480. En *Fáb.* 242, 3 se dice que se suicidó.
481. En griego ἁλιάετος.
482. Un ave en el resto de las fuentes: cf. Ovidio, *Met.* VIII 145-151; Virgilio, *Geórgicas* I 404-409. El nombre se explicaría por su supuesta relación con el verbo griego para cortar el cabello: κείρω *(keírō).*
483. Cf. Ovidio, *Met.* XIII 730 y ss.

199. La otra Escila

1 Escila, hija del río Crateide, era una hermosísima doncella. Glauco la amaba y Circe, hija del Sol, amaba a Glauco.

2 Como Escila solía bañarse en el mar, Circe, hija del Sol, envenenó celosa el agua con filtros mágicos y, cuando Escila se metió dentro, le salieron perros en las ingles y se volvió feroz; pero vengó sus ofensas, pues privó a Ulises de sus compañeros, al pasar navegando frente a ella.

200. Quíone

1 Se dice que Apolo y Mercurio se acostaron la misma noche con Quíone o, como dicen otros poetas, con Filónide, hija de Dedalión. De Apolo engendró a Filamón; y de Mercurio a Autólico.

2 Después en una cacería habló contra Diana con mucha soberbia[484]; y por eso la diosa la mató con sus flechas. Su padre Dedalión, a su vez, mientras lloraba a su única hija, fue transformado por Apolo en el ave *dedalión*, esto es el gavilán.

201. Autólico

1 Mercurio le dio a Autólico, al que había engendrado de Quíone, el don de ser un expertísimo ladrón sin ser sorprendido robando y la facultad de cambiar la forma de todo lo que sustraía: el blanco en negro o el negro en blanco; y mocho al cornudo o cornudo al mocho.

484. Presumiendo de su belleza: Ovidio, *Met.* XI 291-345.

Robaba incesantemente el ganado de Sísifo, sin que éste fuera capaz de sorprenderlo, pero se dio cuenta de que le robaba, porque el ganado de aquel aumentaba a la par que el suyo disminuía. 2

Para sorprenderlo puso una marca en las pezuñas de su ganado. Cuando aquél le robó según su costumbre, Sísifo llegó ante él, descubrió, por las pezuñas, el ganado que le había robado y se lo llevó. 3

Sísifo se entretuvo allí y sedujo a Anticlea, hija de Autólico, que después fue dada en matrimonio a Laertes, y engendró a Ulises. Por eso, algunos autores lo llaman «de Sísifo» y es el motivo por el cual Ulises fue astuto. 4

202. Corónide

Apolo dejó embarazada a Corónide, hija de Flegias[485], y entregó su custodia a un cuervo para que nadie pudiera violarla. Pero Isquis, hijo de Élato, se acostó con ella y por ese motivo Júpiter lo mató con el rayo. 1

Apolo golpeó mortalmente a Corónide, aunque estaba embarazada; sacó a Asclepio de su vientre y lo crió[486]; y al cuervo que había dejado de guardia, lo transformó de blanco en negro. 2

203. Dafne

Cuando Apolo estaba persiguiendo a la doncella Dafne, hija del río Peneo, ella pidió ayuda a la Tierra, que la acogió den- 1

485. Cf. *Himno homérico a Asclepio* 1 ss.
486. Se lo entregó después al Centauro Quirón: Ovidio, *Met.* II 543-547; Apolodoro, III 10, 3; Píndaro, *Pít.* III 14-81.

tro de ella y la transformó en el árbol del laurel. Apolo cortó una de sus ramas y se la puso sobre la cabeza[487].

204. Nictímene

1 Se dice que Nictímene, hija de Epopeo, rey de Lesbos, era una bellísima doncella. Su padre Epopeo, inflamado de deseo, la violó y ella por vergüenza se ocultaba en los bosques. Minerva se compadeció de ella y la transformó en lechuza. Ella, por vergüenza, no sale a la luz, sino que sale de noche[488].

205. Arge

1 Se cuenta que la cazadora Arge, mientras estaba persiguiendo a un ciervo, le dijo: «Aunque iguales el curso del Sol, no obstante te alcanzaré». Enfadado, el Sol la convirtió en cierva.

206. Harpálice

1 Clímeno, hijo de Esqueneo, rey de Arcadia, dominado por el deseo, yació con su hija Harpálice. Una vez que hubo dado a luz a su hijo, se lo sirvió en un banquete a su padre; y Clímeno, al enterarse, mató a Harpálice.

487. Cf. Ovidio, *Met.* I 452 ss. Otras versiones en Pausanias, VIII 20, 2; y en Partenio, *Sufrimientos de amor* 15 (donde Dafne es hija de Amiclas).
488. Cf. Ovidio, *Met.* II 589-595; Lactancio Plácido, *Comentarios a la Tebaida de Estacio* III 507.

207-218. <No se conservan>

219. Arquelao[489]

Arquelao, hijo de Témeno, expulsado por sus hermanos, lle- 1
gó desterrado a Macedonia junto al rey Ciseo. Como éste
estaba siendo atacado por los pueblos vecinos, prometió a
Arquelao entregarle el reino y a su hija en matrimonio, si le
defendía del enemigo, ya que era descendiente de Hércu-
les, pues Témeno era descendiente suyo.

Arquelao puso en fuga en un solo combate a sus enemi- 2
gos y reclamó al rey lo prometido. Pero Ciseo, disuadido
por sus amigos, no cumplió su palabra e intentó matarlo por
medio de una trampa.

Así pues, ordenó hacer un hoyo con muchos carbones en- 3
cendidos dentro y cubrirlo con una fina capa de maleza, para
que Arquelao cayera dentro al pasar.

Pero un siervo del rey le reveló el plan a Arquelao y éste, 4
al enterarse, dijo que deseaba conversar con el rey en priva-
do. Cuando se alejaron los testigos, Arquelao agarró al rey
y lo arrojó al hoyo y así acabó con él.

Desde allí, guiado por una cabra, huyó a Macedonia con- 5
forme a una respuesta del oráculo de Apolo y fundó, a par-
tir del nombre de la cabra, la ciudad de Egas[490]. Se dice que
Alejandro Magno descendía de él.

489. Higino seguramente resume aquí el contenido de la tragedia perdida de Eurípides.
490. En griego 'cabra' se dice *aíx, aigós.*

220. Cura

1 Cuando Cura[491] atravesaba cierto río, vio que el lodo era rico en arcilla, lo cogió pensativa y comenzó a modelar un hombre. Mientras estaba meditando qué hacer con él, apareció Júpiter. Cura le pidió que le insuflara vida, lo que obtuvo de Júpiter fácilmente.

2 Cura quería ponerle su propio nombre, pero Júpiter se lo prohibió y dijo que había que darle el suyo. Mientras Cura y Júpiter discutían sobre el nombre, surgió Telus[492] diciendo que se le debería poner el suyo, puesto que ella había aportado su propio cuerpo.

3 Tomaron a Saturno como juez y parece que les juzgó con equidad: «Tú, Júpiter, puesto que le insuflaste vida <recibe el alma después de su muerte; Telus, puesto que le proporcionó el cuerpo>[493], que reciba su cuerpo. Y puesto que Cura fue la primera en modelarlo, que lo posea en vida; pero, como existe discusión sobre su nombre, que se llame «hombre», pues parece haber sido hecho de *humus*»[494].

221. Los siete sabios

1 Pítaco de Mitilene, Periandro de Corinto, Tales de Mileto, Solón de Atenas, Quilón de Esparta, Cleóbulo de Lindos, Biante de Priene. Máximas suyas son:

491. En latín 'Dedicación'.
492. Es decir, la Tierra.
493. Laguna completada así por Rose.
494. Juego de palabras entre *homo* y *humus,* 'tierra'.

Cleóbulo, habitante de Lindos, dice: «La medida es lo 2
mejor».
De Periandro de Éfira[495] aprendes: «Todo debe ser meditado».
Pítaco, nacido en Mitilene, dice: «Conoce el momento oportuno».
Biante de Priene afirma que «la mayoría de los hombres son malos».
Y Tales de Mileto amenaza: «Para el fiador, ruinas».
«Conócete a ti mismo», dice Quilón, nacido en Esparta.
Y el cecropio[496] Solón aconsejó: «Nada en demasía».

222. Los siete poetas líricos <falta el texto>

223. Las siete maravillas[497]

El templo de Diana en Éfeso, que levantó la Amazona Otre- 1
ra, esposa de Marte[498].

El monumento del rey Mausolo, con piedras relucientes, 2
de 80 pies de alto y 1340 pies de perímetro[499].

495. Es decir, Corinto: cf. Pausanias, II 1, 1.
496. Cécrope fue el primer rey de Atenas: *vid. Fáb.* 48; Apolodoro, III 14, 1.
497. La idea de elaborar un listado con monumentos representativos se remonta a Heródoto, pero fue Antípatro de Sidón (*Antología Griega* IX, 58), quien, hacia el siglo II a. C., elaboró una lista de siete maravillas entre las que mencionaba las murallas de Babilonia. Posteriormente se sustituyeron por el faro de Alejandría (cf. Clayton y Pryce, 1989, 11 ss.).
498. Aunque se asociaba la fundación del santuario a las Amazonas (cf. Pausanias IV 31, 8; VII 2, 6-7), sabemos que se erigió hacia el siglo VI a C. y que Creso fue su principal benefactor (Heródoto I, 92).
499. El pie equivalía a unos 30 cm, lo que hace unos 24 m de altura y unos 402 m de perímetro.

3 La estatua de bronce del Sol en Rodas, es decir el Coloso, de 90 pies de altura[500].

4 La estatua sedente de Júpiter Olímpico, que Fidias hizo de marfil y oro, de 60 pies[501].

5 El palacio del rey Ciro en Ecbatana[502], que construyó Memnón con piedras de un blanco brillante y de varios colores, unidas con oro.

6 La muralla de Babilonia, que hizo Semíramis, hija de Dércetis, con ladrillo cocido y azufre, unidos con hierro, de 25 pies de ancho, 60 pies de alto y 300 estadios de perímetro[503].

7 Las pirámides de Egipto, cuya sombra no se ve, 60 pies de alto[504].

224. Los mortales que se volvieron inmortales

1 Hércules, hijo de Júpiter y de Alcmena; Líber, hijo de Júpiter y de Sémele; Cástor y Pólux, hermanos de Helena, hijos de Júpiter y de Leda.

2 Perseo, hijo de Júpiter y de Dánae, acogido entre las constelaciones; Árcade, hijo de Júpiter y de Calisto, incluido entre las constelaciones; a Ariadna, hija de Minos y de Pasífae, el padre Líber la llamó Líbera.

500. 27 metros.
501. 18 metros.
502. Se suelen incluir los Jardines Colgantes en su lugar.
503. Unos 55 km, pues el estadio romano equivalía a unos 185 metros. Según Heródoto, I 178, su perímetro ascendía a 85 km, y no era comparable a ninguna otra ciudad. En cualquier caso, ambas cifras parecen muy exageradas.
504. Cifra muy por debajo de sus 137 metros.

Calisto, hija de Licaón, fue puesta en la constelación de 3
Septentrión. Cinosura, nodriza de Júpiter, en el otro Septentrión.

Asclepio, hijo de Apolo y de Corónide; Pan, hijo de Mer- 4
curio y de Penélope; Croto, hijo de Pan y de Eufeme, hermano de leche de las Musas, en la constelación de Sagitario; Icario y Erígone, hija de Icario, en constelaciones; Icario en Arturo y Erígone en el signo de Virgo.

Ganimedes, hijo de Asáraco[505], en Acuario de entre los 5
doce signos; Ino, hija de Cadmo, en Leucótea, a la que nosotros llamamos *Mater Matuta*; Melicertes, hijo de Atamante, en el dios Palemón; Mírtilo, hijo de Mercurio y de Teobule, en la constelación del Auriga[506].

225. Los primeros que construyeron templos a los dioses

Pelasgo, hijo de Tríopas, fue el primero que hizo un templo 1
a Júpiter Olímpico en Arcadia. Tésalo, el templo [que está en Macedonia] de Júpiter en Dodona en la tierra de los molosos. Eleuter fue el primero en erigir una estatua del padre Líber y mostró cómo se le debía venerar.

Foroneo, hijo de Ínaco, fue el primero en construir un 2
templo de Juno en Argos. La Amazona Otrera, esposa de Marte, fue la primera en construir un templo a Diana en Éfeso, que después por el rey <...> reconstruyeron. Licaón,

505. Hijo de Tros en Apolodoro, II 5, 9; *Himno homérico a Afrodita* V, 210 ss.; o de Laomedonte en Eurípides, *Troyanas* 822.
506. Cf. Eratóstenes, *Catasterismos* 13; Higino, *Astr.* II 13, 2.

hijo de Pelasgo, construyó un templo a Mercurio Cilenio en Arcadia. El pierio <...>.

226-237. <No se conservan>

238. Los que mataron a sus hijas

1 Agamenón, hijo de Atreo, a Ifigenia, a la que salvó Diana. [Al igual que Calístenes de Eubea a su hija por la salvación de su patria, conforme a un oráculo.] Clímeno, hijo de Esqueneo a Harpálice, por servirle a su propio hijo en un banquete.

2 El espartano Jacinto a su hija Anteide, conforme a un oráculo, en beneficio de los atenienses[507]. Erecteo, hijo de Pandión, a Ctonia, conforme a una respuesta del oráculo, en beneficio de los atenienses[508]; las demás hermanas se suicidaron.

3 Cerción, hijo de Vulcano, a Álope por haber perdido su virginidad con Neptuno. Eolo a Cánace, por el incesto consentido con su hermano Macareo.

239. Las madres que mataron a sus hijos

1 Medea, hija de Eetes, a los hijos que tuvo de Jasón, Mérmero y Feres. Procne, hija de Pandión a Itis, el hijo que tuvo

507. Con ello intentaban librarse del hambre y la peste que asolaban la ciudad durante la guerra contra Minos: Apolodoro, III 15, 8.
508. Para librar a Atenas de los ataques de Eumolpo al frente de los eleusinos: Apolodoro, III 15, 4.

de Tereo, hijo de Marte. Ino, hija de Cadmo, a Melicertes, nacido de Atamante, hijo de Eolo, mientras huía de él.

Altea, hija de Testio, a Meleagro, engendrado de Eneo, 2
hijo de Partaón, por haber asesinado a sus tíos maternos. Temisto, hija de Hipseo, a Esfincio y Orcómeno, engendrados de Atamante, hijo de Eolo, instigada por Ino, hija de Cadmo. Tiro, hija de Salmoneo a los dos hijos que tuvo de Sísifo, hijo de Eolo, conforme a una respuesta de Apolo.

Ágave, hija de Cadmo, a Penteo, hijo de Equión, instigada 3
por el padre Líber. Harpálice, hija de Clímeno, a causa del crimen de su padre, puesto que había yacido con él a la fuerza, al hijo que había concebido.

240. Las que mataron a sus esposos

Clitemnestra, hija de Testio, a Agamenón, hijo de Atreo. He- 1
lena, hija de Júpiter y de Leda, a Deífobo, hijo de Príamo. Ágave a Licoterses en Iliria, para dar el reino a su padre Cadmo.

Deyanira, hija de Eneo, a Hércules, hijo de Júpiter y Alcmena, incitada por Neso. Iliona, hija de Príamo, a Polimnéstor, rey de los tracios. Semíramis a Nino, rey de Babilonia.

241. Los que mataron a sus esposas

Hércules, hijo de Júpiter, a Mégara, hija de Creonte, en un 1
arrebato de locura. Teseo, hijo de Egeo, a la Amazona Antíope, hija de Marte, por una respuesta de Apolo. Céfalo, hijo de Deyón o de Mercurio, a Procris, hija de Pandión, por una imprudencia.

242. Los que se suicidaron

1 Egeo, hijo de Neptuno, se arrojó al mar y por él se llamó mar Egeo. Eveno, hijo de Hércules, se arrojó al río Licormas, que ahora se llama Crisórroas[509]. Áyax, hijo de Telamón, se suicidó a causa del juicio de las armas.

2 Licurgo, hijo de Driante, se suicidó enloquecido por Líber. Macareo, hijo de Eolo, se suicidó por su hermana Cánace, su amante. Agrio, hijo de Partaón, se suicidó expulsado de su reino por Diomedes.

3 Ceneo, hijo de Élato, se suicidó[510]. Meneceo, padre de Yocasta, se arrojó desde lo alto de la muralla en Tebas a causa de una plaga. Niso, hijo de Marte, se suicidó al perder su cabello fatídico.

4 Clímeno, hijo de Esqueneo, rey de Arcadia, se suicidó porque se había acostado con su hija. Cíniras, hijo de Pafos[511], rey de los asirios, por haberse acostado con su hija Esmirna. Hércules, hijo de Júpiter, se arrojó al fuego.

5 Adrasto y su hijo Hipónoo se arrojaron al fuego conforme a una respuesta de Apolo[512]. Píramo se suicidó en Babilonia por amor a Tisbe[513]. Edipo, hijo de Layo, se suicidó por su madre Yocasta tras haberse arrancado los ojos.

509. Eveno es hijo de Hércules sólo en Higino.
510. Sin embargo: *vid. Fáb.* 14, 4.
511. En otras tradiciones Pafos no es un hombre, sino una ninfa: cf. *Escolio a Píndaro, Píticas* II 27 a.
512. Información ofrecida sólo por Higino.
513. Para la historia de estos dos enamorados asirios: cf. Ovidio, *Met.* IV 55 y ss.

243. Las que se suicidaron

Hécuba, hija de Ciseo o de Dimante, esposa de Príamo, se arrojó al mar; por esa razón se llamó mar Cineo, porque se había transformado en perra. Ino, hija de Cadmo, se precipitó al mar con su hijo Melicertes. Anticlea, hija de Autólico, madre de Ulises, se suicidó tras oír una falsa noticia sobre Ulises. 1

Estenebea, hija de Yóbates, esposa de Preto, por amor a Belerofonte. Evadne, hija de Fílaco, a causa de su esposo Capaneo, que había perecido en Tebas, arrojándose a la misma pira. Etra, hija de Piteo, se suicidó a causa de la muerte de su prole[514]. 2

Deyanira, hija de Eneo, a causa de Hércules, por haberle enviado una túnica en la que se abrasó, engañada por Neso. Laodamía, hija de Acasto, porque echaba de menos a su marido Protesilao. Hipodamía, hija de Enómao, esposa de Pélope, porque Crisipo había sido asesinado por consejo suyo. 3

Neera, hija de Autólico, a causa de la muerte de su hijo Hipótoo. Alcestis, hija de Pelias, a causa de su esposo Admeto pereció reemplazándolo con su muerte. Ilíona, hija de Príamo, a causa de las desgracias de sus padres. 4

Temisto, hija de Hipseo, porque mató a sus hijos, impulsada por Ino. Erígone, hija de Icario, se ahorcó por la muerte de su padre. Fedra, hija de Minos, se ahorcó por amor a su hijastro Hipólito. 5

Filis se ahorcó por Demofonte, hijo de Teseo. Cánace, hija de Eolo, se suicidó a causa de su amor por su hermano Macareo. Biblis, hija de Mileto, se suicidó a causa de su amor por su hermano Cauno. 6

514. Teseo.

7 Calipso[515], hija de Atlas, se suicidó por amor a Ulises. Dido, hija de Belo, se suicidó por amor a Eneas. Yocasta, hija de Meneceo, por la muerte y el crimen de sus hijos.
8 Antígona, hija de Edipo, por sepultar a Polinices. Pelopia, hija de Tiestes, por el crimen de su padre. Tisbe en Babilonia porque Píramo se había suicidado. Semíramis en Babilonia se arrojó a una pira por haber perdido a su caballo[516].

244. Los que mataron a sus parientes

1 Teseo, hijo de Egeo, a Palante <...> hijo de su hermano Neleo. Anfitrión a Electrión, hijo de Perseo. Meleagro, hijo de Eneo, a sus tíos maternos, Plexipo y Agénor, a causa de Atalanta, hija de Esqueneo.
2 Télefo[517], hijo de Hércules, a los hijos de su abuela Neera, Hipótoo y <Cefeo>. Egisto a Atreo y a Agamenón, hijo de Atreo. Orestes a Egisto, hijo de Tiestes.
3 Megapentes, hijo de Preto, a Perseo, hijo de Júpiter y de Dánae por la muerte de su padre[518]. Abante mató a Megapentes a causa de su padre Linceo. Fegeo, hijo de Alfeo, a la hija de su hija Alfesibea.
4 Anfión, hijo de Tereo, a los hijos de su abuelo. Atreo, hijo de Pélope, en un banquete le sirvió a Tiestes a sus hijos, los

515. Afirmación extraña para una diosa inmortal.
516. Con el que había mantenido relaciones sexuales (cf. Plinio, *H. N.* VIII 155). Según Diodoro, II 20, desapareció cuando su hijo conspiraba contra ella.
517. Sobre Télefo: *vid. Fáb.* 99 y 100.
518. Tradición completamente diferente a la más conocida de Apolodoro, II 4, 4: Perseo intercambió el trono con su primo Megapentes a causa del homicidio de su abuelo Acrisio.

infantes Tántalo y Plístenes. Hilo, hijo de Hércules a Esténelo, hermano de su bisabuelo Electrión.

Medo, hijo de Egeo, a Perses, hermano de Eetes, hijo del 5
Sol. Dédalo, hijo de Eupálamo, a Perdiz, hijo de su hermana, por envidia de su destreza.

245. Los que mataron a sus suegros y a sus yernos

Jasón, hijo de Esón <a Eetes, hijo del Sol. Apolo a Flegias, 1
padre de Corónide>[519]. Pélope, hijo de Tántalo a Enómao, hijo de Marte.

Los que mataron a sus yernos: Fegeo, hijo de Alfeo, a 2
Alcmeón, hijo de Anfiarao. Y el mismo a Eurípilo. Eetes, hijo del Sol, a Frixo, hijo de Atamante.

246. Los que se comieron a sus hijos en banquetes

Tereo, hijo de Marte, a Itis, el hijo que tuvo de Procne. Ties- 1
tes, hijo de Pélope, a Tántalo y Plístenes, engendrados de Aérope. Clímeno, hijo de Esqueneo, al hijo que tuvo con su hija Harpálice.

247. Los que fueron devorados por perros

Acteón, hijo de Aristeo. Tasio, hijo de Anio, sacerdote de 1
Apolo en Delos; por esta razón no hay ningún perro en De-

519. Aceptamos este suplemento de Bursian para completar la laguna del texto.

los. Eurípides, el autor de tragedias, fue devorado en un templo.

248. Los que perecieron heridos por un jabalí

1 Adonis, hijo de Cíniras. Anceo, hijo de Licurgo, por el de Calidón. Idmón, hijo de Apolo, que había salido a buscar paja con los Argonautas junto al rey Lico. Hiante, hijo de Atlas y de Pléyone, por un jabalí o un león.

249. Antorchas criminales

1 La antorcha que Hécuba, hija de Ciseo o de Dimante, creyó parir[520]. La de Nauplio junto a las rocas Cafareas, cuando los aqueos naufragaron. La de Helena, que mostró desde lo alto de la muralla y traicionó a Troya. La de Altea, que mató a Meleagro.

250. Las cuadrigas que destruyeron a sus conductores

1 A Faetonte, hijo del Sol y de Clímene. A Laomedonte, hijo de Ilo y de Leucipe. A Enómao, hijo de Marte y de Asteria, hija de Atlas.

2 A Diomedes, hijo de Marte y de la misma. A Hipólito, hijo de Teseo y de la Amazona Antíope. A Anfiarao, hijo de Oícles y de Hipermestra, hija de Testio.

520. *Vid. Fáb.* 91, 1.

A Glauco, hijo de Sísifo, en los juegos fúnebres en honor de Pelias, sus propias yeguas lo devoraron. A Yasión, hijo de Júpiter y de Electra, hija de Atlas. Salmoneo, que, sentado en su cuadriga, imitaba los rayos, fue fulminado con su cuadriga por un rayo[521]. 3

251. Los que regresaron de los infiernos con permiso de las Parcas

Ceres, cuando buscaba a su hija Proserpina. El padre Líber 1
descendió junto a su madre Sémele, hija de Cadmo. Hércules, hijo de Júpiter, para llevarse al can Cerbero.

Asclepio, hijo de Apolo y de Corónide. Cástor y Pólux, 2
hijos de Júpiter y de Leda, regresaron alternando sus muertes. Protesilao, hijo de Íficlo, por Laodamía, hija de Acasto.

Alcestis, hija de Pelias, por su marido Admeto. Teseo, hijo 3
de Egeo, por Pirítoo. Hipólito, hijo de Teseo, por deseo de Diana; y después fue llamado Virbio[522]. Orfeo, hijo de Eagro, por su esposa Eurídice.

Adonis, hijo de Cíniras y de Esmirna, por deseo de Ve- 4
nus. Glauco, hijo de Minos, devuelto por Poliido, hijo de Cérano. Ulises, hijo de Laertes, por su patria. Eneas, hijo de Anquises, por su padre. Mercurio, hijo de Maya, en incesantes viajes.

521. Historia completamente desconocida.
522. Nombre que citan únicamente las fuentes latinas: cf. Virgilio, *En.* VII 777; Ovidio, *Fast.* VI 756.

252. Los que fueron amamantados por animales

1 Télefo, hijo de Hércules y de Auge, por una cierva. Egisto, hijo de Tiestes y de Pelopia, por una cabra. Eolo y Beoto, hijos de Neptuno y de Menalipe, por una vaca.

2 Hipótoo, hijo de Neptuno y de Álope, por una yegua. Rómulo y Remo, hijos de Marte y de Ilia, por una loba. Antíloco, hijo de Néstor, expuesto en el monte Ida, por una perra.

3 Harpálice, hija de Harpálico, rey de los amimneos, por una vaca y una yegua. Camila, hija de Métabo, rey de los volscos, por una yegua[523].

253. Las que cometieron incesto

1 Yocasta con su hijo Edipo. Pelopia con su padre Tiestes. Harpálice con su padre Clímeno. Hipodamía con su padre Enómao.

2 Procris con su padre Erecteo, de quien engendró a Aglauro[524]. Nictímene con su padre Epopeo, rey de los lesbios. Menefrón con su hija Cilene en Arcadia y con su madre Bliade[525].

254. Las que fueron las más piadosas o los más piadosos

1 Antígona, hija de Edipo, dio sepultura a su hermano Polinices. Electra, hija de Agamenón, con su hermano Orestes.

523. Leyenda virgiliana (cf. *En.* XI 531), inspirada en historias como la de Harpálice: *vid. Fáb.* 93.
524. Sin embargo *vid. Fáb.* 166,4.
525. Cf. Ovidio, *Met.* VII 386.

Ilíona, hija de Príamo, con su hermano Polidoro y sus padres.

Pelopia, hija de Tiestes, con su padre, para vengarlo: 2
Hipsípila, hija de Toante, con su padre, a quien perdonó la
vida. Calcíope, hija <de Eetes>, no abandonó a su padre
cuando perdió su reino. Harpálice, hija de Harpálico, salvó
a su padre en la guerra y puso en fuga al enemigo.

Erígone, hija de Icario, se ahorcó cuando perdió a su pa- 3
dre. Ágave, hija de Cadmo, mató al rey Licoterses en Iliria
y dio el reino a su padre. Jantipe[526] alimentó con su propia
leche a su padre Micón, cuando estaba encerrado en una
prisión. Tiro, hija de Salmoneo, mató a sus propios hijos a
causa de su padre.

En Sicilia, tan pronto como el Etna comenzó a arder, 4
Damón rescató a su madre del fuego, al igual que Fintias
a su padre[527]. Igualmente, en Ilión Eneas sacó, a hombros, a
su padre Anquises y a su hijo Ascanio del incendio.

Cléobis y Bitias[528], hijos de Cidipe, sacerdotisa de Juno 5
Argiva. Cidipe había enviado sus bueyes a pastar, pero no
aparecían –pues estaban muertos– a la hora a la que debían
trasladarla al templo de Juno en el monte, para realizar las

526. Llamada Pero en Valerio Máximo, *Hechos y dichos memorables* V 4 *ext.* 1.

527. Los pitagóricos Damón y de Fintias son más conocidos por una anécdota histórica sobre su lealtad: cf. *Fáb.* 257, 3, donde reciben el nombre de Mero y Selinuntio; Cicerón, *Tusculanas* V 43; *Sobre los deberes* III 10, 45; *Del supremo bien y del supremo mal* II 24, 79; Porfirio, *Vida de Pitágoras* 60; Jámblico, *Vida pitagórica* 233; Valerio Máximo, *Hechos y dichos mem.* IV 7 *ext.* 1.

528. Cléobis y Bitón en Heródoto, I 31, donde Solón los menciona como modelo de felicidad en la entrevista que mantuvo con el rey Creso de Lidia.

ceremonias; y si las ceremonias no se realizaban a su debido tiempo, la sacerdotisa moriría.

6 En medio de tal consternación, Cléobis y Bitias se uncieron bajo el yugo como bueyes y llevaron hasta el templo los objetos sagrados y a su madre Cidipe en un carro. Cuando terminó el sacrificio, Cidipe rogó a Juno que, si había oficiado conforme a los ritos y sus hijos habían sido piadosos para con ella, obtuvieran lo más preciado que los mortales pudieran obtener.

7 Después de llevar a cabo su plegaria, los hijos llevaron el carro y a su madre de vuelta a casa y, fatigados, se durmieron <...> pero Cidipe admitió rápidamente que no hay nada mejor para los mortales que morir y, por ello, murió por voluntad propia[529].

255. Las que fueron impías

1 Escila, hija de Niso, mató a su padre. Ariadna, hija de Minos, a su hermano <...> y mató a sus hijos. Procne, hija de Pandión, mató a su hijo.

2 Las Danaides mataron a sus esposos, primos hermanos suyos. Las lemníades mataron a sus padres y a sus hijos en la isla de Lemnos. Harpálice, hija de Clímeno, a su hijo, al que había concebido de su padre. Entre los romanos, Tulia condujo un carro sobre el cuerpo de su padre[530], por ello se llamó la «Vía del Crimen».

529. La historia refleja una pesimista visión de la vida muy arraigada en el pensamiento griego: cf. Homero, *Il.* XXIV 525-526.
530. El rey Servio Tulio.

256. Las mujeres más castas

Penélope, hija de Icario, esposa de Ulises. Evadne, hija de 1
Fílaco, esposa de Capaneo. Laodamía, hija de Acasto, esposa de Protesilao. Hécuba, hija de Ciseo, esposa de Príamo.

Teónoe, hija de Téstor <... Alcestis, hija de Pelias>, espo- 2
sa de Admeto. Entre los romanos, Lucrecia, hija de Lucrecio, esposa de Colatino.

257. Los amigos más leales entre sí

Pílades, hijo de Estrofio, con Orestes, hijo de Agamenón. 1
Pirítoo, hijo de Ixión, con Teseo, hijo de Egeo. Aquiles, hijo de Peleo, con Patroclo, hijo de Menecio.

Diomedes, hijo de Tideo, con Esténelo, hijo de Capaneo. 2
Peleo, hijo de Éaco, con Fénix, hijo de Amíntor. Hércules, hijo de Júpiter, con Filoctetes, hijo de Peante. Harmodio y Aristogitón, con amor fraterno.

En Sicilia, el tirano Dionisio era extremadamente cruel y 3
mataba a sus súbditos tras torturarlos. Mero intentó matar al tirano, pero los sirvientes, al sorprenderlo armado, lo llevaron ante el rey.

Al ser interrogado, respondió que su intención había sido 4
matar al rey y éste ordenó crucificarlo. Mero le pidió un aplazamiento de tres días para dar a su hermana en matrimonio y entregó al tirano a su amigo y compañero Selinuntio como garante de que volvería al tercer día.

El rey le permitió el aplazamiento para casar a su herma- 5
na y le dijo a Selinuntio que, si Mero no llegaba el día convenido, él sufriría la misma pena y Mero sería absuelto.

6 Cuando regresaba después de casar a su hermana, de repente se formó una tormenta con un aguacero y el río creció tanto que no podía vadearse ni atravesarse a nado. Mero se sentó a la orilla y comenzó a llorar temiendo que su amigo moriría por él.

7 Por su parte, Fálaris[531] ordenó crucificar a Selinuntio, porque ya habían pasado seis horas del tercer día y Mero no había llegado, pero Selinuntio le respondió que el día todavía no había terminado. Ya habían pasado nueve horas, cuando el rey ordenó que Selinuntio fuese llevado a la cruz.

8 Cuando se lo llevaban, Mero, que por fin había conseguido cruzar el río, siguió al verdugo y le gritó de lejos: «Detente, verdugo, estoy aquí como prometí». Se hizo saber este hecho al rey, que ordenó que los llevaran ante él, les pidió que le acogieran en su amistad y perdonó la vida a Mero.

9 Harmodio y Aristogitón[532]. También en Sicilia Harmodio quería matar al mismo Fálaris. Con la intención de fingir, mató una puerca que había tenido cerditos y llegó junto a su amigo Aristogitón con la espada ensangrentada. Le dijo que había matado a su madre y le pidió que lo escondiera.

10 Tras ocultarlo, pidió a Aristogitón que saliera para contarle los rumores que hubiera sobre su madre. <Le contó> que no había rumor alguno.

11 Por la tarde se pelearon de tal manera que se lanzaron graves injurias el uno al otro, y no por eso Aristogitón quiso reprocharle haber matado a su madre. Harmodio le reveló que había matado a una puerca que había tenido cer-

531. Debería decir Dionisio.

532. Nada tiene que ver lo relatado por Higino con los famosos amantes que asesinaron a Hiparco, hermano del tirano ateniense Hipias: Tucídides, VI 56.

ditos y por eso había dicho su madre. Le declaró que quería matar al rey y le pidió ayuda.

Cuando iban a matar al rey, fueron sorprendidos arma- 12
dos por los guardias, pero Aristogitón escapó huyendo de los guardias mientras lo conducían ante el tirano. Harmodio fue conducido solo ante el rey y, cuando le preguntaron quién era su cómplice, para no entregar a su amigo, se cortó la lengua con los dientes y la escupió contra el rostro del rey.

Niso con su amigo Euríalo, por quien murió. 13

258. Atreo y Tiestes[533]

Los hermanos Atreo y Tiestes no lograban perjudicarse en 1
sus disputas. Fingieron reconciliarse y en esa ocasión Tiestes se acostó con la esposa de su hermano. Atreo le sirvió a su hijo en un banquete, y el Sol, para no ser profanado, se retiró. Pero la verdad es ésta: Atreo fue el primero en hallar un eclipse de sol y su hermano se alejó por envidia de la ciudad.

259. Linco[534]

Linco era un rey de Sicilia. Cuando Ceres envió a Triptóle- 1
mo para dar a conocer los cereales a los hombres, decidió asesinarlo, pese a que lo había acogido como huésped, para

533. Cf. Servio, *Comentarios a la Eneida* I 568.
534. Cf. Servio, *Comentarios a la Eneida* I 323.

que tal gloria recayera sobre él. Ceres, enfadada por ello, lo convirtió en un lince de distintos colores, tal como él se había mostrado: de mente variada.

260. Érix[535]

1 Érix, hijo de Venus y de Butes[536], murió a manos de Hércules. Su sepultura dio nombre al monte en el que Eneas dedicó un templo a Venus. También se dice que en este monte fue sepultado Anquises, aunque –según Catón– había llegado a Italia.

261. Agamenón, que mató sin saberlo a una cierva de Diana[537]

1 Tras haber llegado los dánaos hasta Áulide desde Grecia, Agamenón mató sin saberlo a una cierva de Diana. La diosa, encolerizada por ello, apartó el soplo de los vientos. Y por tanto, como no podían navegar y afrontaban una peste, consultados los oráculos, respondieron que Diana sería aplacada con la sangre de Agamenón. Así pues, con el pretexto de sus bodas, Ifigenia fue conducida allí por Ulises para ser inmolada, pero la diosa se compadeció de ella y la sustituyó con una cierva. Una vez que fue trasladada a la tierra Táurica, fue entregada al rey Toante y convertida en sacerdotisa.

535. Cf. Servio, *Comentarios a la Eneida* I 570.
536. Érix es hijo de Posidón en Apolodoro, II 5, 10; Diodoro, IV 23, 2; Pausanias, III 16, 4.
537. Cf. Servio, *Comentarios a la Eneida* II 116.

Conforme a una costumbre establecida en honor de Diana Dictina, aplacaba a la diosa con sangre humana, pero reconoció a su hermano Orestes, que había recibido un oráculo para librarse de su locura y se había dirigido a la Cólquide con su amigo Pílades. Muerto Toante, se llevó con ellos la estatua, escondida en un haz de leña (por ello también se llama *Fascelis*[538], y por la antorcha con la que se representa también se llama *Lucífera*) y la llevó a Aricia. Pero como después a los romanos les disgustara la crueldad de sus ritos, aunque fueran sacrificados esclavos, Diana fue trasladada a Laconia, donde se conservaba la costumbre de sacrificar adolescentes a latigazos, que se llamaban *Bomonicas*[539], porque competían subiéndose sobre altares para ver quién podía aguantar más latigazos. Los huesos de Orestes, por cierto, fueron llevados a Roma desde Aricia y conservados delante del templo de Saturno, que está ante la colina del Capitolio, junto al templo de la Concordia.

262-268. <No se conservan>

<269. Los que fueron más importantes>

<...> hijo de Júpiter y de Europa. Cicno, otro hijo de Marte, a quien mató el propio Hércules. 1

538. De *fascis,* 'haz de leña'.
539. Esto es, de βωμός *bōmós* ('altar') y νεικέω, *neikéō* ('disputar'). La *diamastígōsis* o flagelación se celebraba en honor de Ártemis Ortia: cf. Cicerón, *Tusculanas* II 34.

270. Los que fueron hermosísimos

1 Yasión, hijo de Córito, a quien, se dice, amó Ceres y eso mismo se tiene por verdadero en las historias[540]. Cíniras, hijo de Pafos, rey de los asirios. Anquises, hijo de Asáraco, al que amó Venus.

2 Alejandro Paris, hijo de Príamo y de Hécuba, al que siguió Helena. Nireo, hijo de Cáropo. Céfalo, hijo de Pandión, al que Aurora amó. Titono, hijo de Laomedonte, esposo de Aurora.

3 Partenopeo, hijo de Meleagro y de Atalanta. Aquiles, hijo de Peleo y de Tetis. Patroclo, hijo de Menecio. Idomeneo, que amó a Helena. Teseo, hijo de Egeo y de Etra, al que Ariadna amó.

271. Los efebos más hermosos

1 Adonis, hijo de Cíniras y de Esmirna, al que amó Venus. Endimión, hijo de Etolo, a quien amó la Luna. Ganimedes, hijo de Erictonio, al que amó Júpiter. Jacinto, hijo de Ébalo, al que amó Apolo.

2 Narciso, hijo del río Cefiso, que se enamoró de sí mismo. Atlantio, hijo de Mercurio y de Venus, que fue llamado Hermafrodito. Hilas, hijo de Teodamante, al que amó Hércules. Crisipo, hijo de Pélope, al que Teseo raptó en unos juegos[541].

540. Yasión, héroe civilizador de Creta, era hermano de Dárdano e hijo de Zeus (como dijo en *Fáb.* 250, 3), que lo fulminó por haberse acostado con Deméter: cf. Higino, *Astr.* II, 4, 7; Homero, *Od.* V 125-128; Hesíodo, *Teog.* 969 ss.; Apolodoro, III 12, 1; Diodoro, V 77, 1.
541. Crisipo fue raptado por Layo: Apolodoro, III 5, 5.

<272. Juicios de parricidas que defendieron su causa en el Areópago>

273. Los primeros en celebrar juegos hasta Eneas, el decimoquinto

<...> en quinto lugar, los que celebró Dánao, hijo de Belo, 1
en Argos en las bodas de sus hijas, por lo que el canto se
llamó himeneo.

En sexto lugar, de nuevo en Argos los que celebró Lin- 2
ceo, hijo de Egipto, en honor de Juno Argiva, y son llama-
dos ἀσπὶς ἐν Ἄργει[542]. En esos juegos el vencedor recibe un
escudo en lugar de una corona, puesto que Abante, hijo de
Linceo y de Hipermestra, anunció a sus padres que Dánao
había perecido y Linceo arrancó del templo de Juno Argiva
el escudo, que Dánao había llevado en su juventud y había
consagrado a Juno, y se lo regaló a su hijo Abante.

En estos juegos el que vence la primera vez y se presenta 3
de nuevo <...> al menos que venza por segunda vez <...> se
presente a menudo.

En séptimo lugar, Perseo, hijo de Júpiter y de Dánae, unos 4
juegos fúnebres en honor de Polidectes, que lo había cria-
do en la isla de Sérifos y durante la competición golpeó a
su abuelo Acrisio y lo mató. Así, lo que no quiso por propia
voluntad, se cumplió por deseo de los dioses.

En octavo lugar, Hércules celebró en Olimpia juegos gim- 5
násticos en honor de Pélope, hijo de Tántalo, en los que él
mismo compitió con Acareo en el *pammaquio*, que nosotros
llamamos pancracio.

542. 'El escudo en Argos'. Cf. *Fáb.* 170, 10.

6 En noveno lugar, se celebraron en Nemea en honor de Arquémoro, hijo de Lico y de Eurídice. Los siete caudillos que iban a atacar Tebas celebraron estos juegos. En ellos después vencieron en la carrera Euneo y Deípilo, hijos de Hipsípila y de Jasón.

7 También en estos juegos el flautista tuvo siete acompañantes, vestidos con mantos griegos, que cantaron en honor de la Pitia, por ello después se le llamó 'flautista del coro'.

8 En décimo lugar, se dice que Eratocles celebró los Ístmicos en honor de Melicertes, hijo de Atamante y de Ino. Otros poetas dicen que fue Teseo[543].

9 En undécimo lugar los que los Argonautas celebraron en la Propóntide en honor del rey Cícico –y su hijo, a quien Jasón, sin saberlo, había matado de noche junto a la playa–, con pruebas de salto, lucha y lanzamiento de jabalina.

En duodécimo lugar los que Acasto, hijo de Pelias, cele-
10 bró para los argivos. En estos juegos vencieron Zetes, hijo
de Aquilón, en la carrera larga; Calais, hijo del mismo, en
el doble estadio; Cástor, hijo de Júpiter, en el estadio; Pó-
lux, hijo del mismo, en el boxeo; Telamón, hijo de Éaco, en
el lanzamiento de disco; Peleo, hijo del mismo, en la lucha;
Hércules, hijo de Júpiter, en el *pammaquio*; Meleagro, hijo
de Eneo, en el lanzamiento de jabalina.

Cicno, hijo de Marte, mató con sus armas a Pilo, hijo de
11 Diódoto; Belerofonte venció en la carrera a caballo; y en la
de cuadrigas Yolao, hijo de Íficlo, venció a Glauco, hijo de
Sísifo, a quien sus caballos despedazaron a mordiscos; Éu-
rito, hijo de Mercurio, en el tiro con arco; Céfalo, hijo de
Deyón, en el tiro con honda; Olimpo, discípulo de Marsias,

543. Cf. Plutarco, *Teseo* 25.

con el *aulós;* Orfeo, hijo de Éagro, con la cítara; Lino, hijo
de Apolo, en canto; Eumolpo, hijo de Neptuno, cantando
al son del *aulós* de Olimpo.

En decimotercer lugar, Príamo celebró juegos gimnásticos 12
en Ilión, ante el cenotafio de Paris, el hijo a quien había orde-
nado matar. Los que compitieron en la carrera fueron Néstor,
hijo de Neleo; Héleno, Deífobo y Polites, hijos de Príamo; Té-
lefo, hijo de Hércules; Cicno, hijo de Neptuno; Sarpedón,
hijo de Júpiter, el pastor Paris Alejandro, hijo desconocido de
Príamo. Venció Paris y se descubrió que era hijo de Príamo.

En decimocuarto lugar, Aquiles celebró unos fúnebres en
honor de Patroclo, en los cuales Áyax venció en lucha y reci- 13
bió como premio un caldero de oro; luego venció Menelao
en el lanzamiento de jabalina y recibió como premio una jaba-
lina de oro. Cuando terminó el espectáculo, arrojó sobre la
pira de Patroclo doce cautivos frigios, un caballo y un perro.

En decimoquinto lugar, Eneas, hijo de Venus y de Anqui-
ses, celebró en Sicilia unos juegos junto a su anfitrión Aces- 14
tes, hijo del río Criniso. Allí Eneas rindió honras fúnebres
a su padre y, con unos juegos festivos, rindió los honores
debidos a los dioses Manes. En estos juegos la primera com-
petición fue naval <...> Mnesteo, la nave Pistris; Gías, la nave
Quimera; Sergesto, la nave Centauro.

Venció Cloanto con su nave Escila y recibió como premio
un talento de plata y una clámide dorada con la figura de 15
Ganimedes bordada en púrpura; Mnesteo consiguió una co-
raza; Gías recibió calderos y copas cinceladas de plata; y Ser-
gesto una esclava llamada Fóloe con sus dos hijos.

Después en la segunda competición de carrera participa-
ron Niso, Euríalo, Diores, Salio, Hélimo y Pánopes. Venció 16
Euríalo y recibió como premio un extraordinario caballo en-

galanado. Quedó segundo Hélimo y recibió un carcaj de Amazona; y el tercero, Diores, un casco de Argos; a Salio se le dio la piel de un león; y a Niso un escudo, obra de Didimaón.

17 Después, en la tercera competición, Dares y Entelo se enfrentaron en boxeo. Venció Entelo y recibió como premio un toro; y a Dares se le entregó un casco y una espada.

18 Después, en la cuarta, compitieron en tiro con arco Hipocoonte, Mnesteo, Acestes y Eurition, quien recibió un casco como premio y cedió el honor a Acestes a causa de un presagio del juez*.

19 En la quinta, los niños jugaron a «Troya» con el niño Ascanio como jefe[544].

274. Quién descubrió qué

1 <... Un tal> Céraso mezcló vino con agua del río Aqueloo en Etolia, por ello «mezclar» se dice *cerasae*[545]. En las patas de sus triclinios, nuestros antepasados tenían cabezas de borricos enlazadas con vides, para dar a entender que <el burro> había descubierto la dulzura <del vino>. Por su parte, una vid roída por un macho cabrío, dio una mayor abundancia de frutos. Por ello descubrieron la poda.

2 Peletronio fue el primero en descubrir los frenos y la silla para los caballos.

3 Belone inventó la primera aguja, que en griego se llama *belone*[546].

544. Para este juego infantil: Virgilio, *En.* V 598 ss.
545. Esto es κεράσαι.
546. Personaje mencionado sólo por Higino.

Cadmo, hijo de Agénor, el primero en conservar el bronce 4
descubierto en Tebas; Éaco, hijo de Júpiter, el primero en descubrir oro en Panquea en el monte Taso[547]; Indo, rey de Escitia, plata; y Erictonio fue el primero en llevarla a Atenas.

En Élide, que es una ciudad del Peloponeso, se celebra- 5
ron las primeras competiciones de cuadrigas.

El rey frigio Midas, hijo de Cibeles, fue el primero en des- 6
cubrir el plomo y el estaño.

Los arcadios fueron los primeros en hacer ofrendas a los 7
dioses.

Foroneo, hijo de Ínaco, fue el primero en forjar armas en 8
honor de Juno y, por ese motivo, fue el primero en tener facultad para gobernar.

El Centauro Quirón, hijo de Saturno, fue el primero en 9
instituir la medicina quirúrgica con hierbas; Apolo el primero en hacer medicina ocular; y en tercer lugar, Asclepio, hijo de Apolo, en hallar la clínica.

Los antiguos no tenían comadronas y por ello las muje- 10
res, dejándose llevar por la vergüenza, morían. Los atenienses, en efecto, habían prohibido que los esclavos y las mujeres aprendieran el arte de la medicina. Una muchacha virgen, Agnódice, deseaba aprender. Con ese afán, se cortó el cabello y disfrazada de varón se entregó a su estudio con un tal Herófilo.

Una vez que hubo aprendido el arte, oyó que una mujer 11
estaba de parto y acudió a su lado. Como la mujer no se fiaba de ella, creyendo que era un hombre, Agnódice se levantó la túnica y le mostró que era una mujer. Así las iba atendiendo.

547. Panquea era una isla fabulosa ubicada en el océano Índico, no lejos de Arabia: cf. Ovidio, *Met.* X 309; Virgilio, *Geórg.* II 139.

12 Cuando los médicos vieron que las mujeres no los admitían, comenzaron a acusar a Agnódice, alegando que era un hombre depilado, un corruptor y que las mujeres fingían debilidad.

13 Cuando los areopagitas tomaron asiento, comenzaron a acusar a Agnódice, pero ella se levantó la túnica y les mostró que era una mujer. Entonces los médicos comenzaron a acusarla con más fuerza, por lo que las mujeres principales acudieron al juicio y dijeron: «Vosotros no sois esposos, sino enemigos, porque acusáis a quien nos cura». Entonces los atenienses enmendaron la ley para que las mujeres libres pudieran aprender el arte de la medicina.

14 Perdiz, hijo de una hermana de Dédalo, inventó el compás y la sierra, a partir de la espina de un pez.

15 Dédalo, hijo de Eupálamo, fue el primero en modelar estatuas de los dioses.

16 Se dice que Oanes, que salió del mar en Caldea, interpretó la astrología.

17 Los lidios tiñeron lana en Sardes, después también el hilo[548].

18 Pan fue el primero en descubrir el sonido de la flauta.

19 En Sicilia, Ceres fue la primera en descubrir el trigo.

20 Tirreno, hijo de Hércules, descubrió la trompeta por este motivo: como sus compañeros se alimentaban de carne humana, los habitantes de los alrededores huyeron de la región por su crueldad. Entonces él, puesto que uno de ellos había muerto, sopló por una concha agujereada, reunió al poblado y fueron testigos de que daba sepultura al muerto y no lo devoraba. Por ello se llama a la trompeta melodía tirrena.

21 Los romanos mantienen todavía hoy esa costumbre y, cuando alguien muere, tocan las trompetas y se convoca a los

548. Cf. Plinio, *H. N.* VII 196.

amigos, para que den fe de que no ha perecido ni envenenado, ni acuchillado. Por su parte, las cornetas fueron descubiertas por oficiales de la flota.

Los africanos y los egipcios fueron los primeros en luchar 22
con palos, después Belo, hijo de Neptuno, luchó con una espada, por ello guerra se dice *bellum*.

275. Ciudades y sus fundadores

Júpiter, en la India, fundó Tebas, a partir del nombre de su 1
nodriza Tebaide; se la llama *Hecatómpila* porque tiene cien puertas[549].

Minerva, en Cálcide, Atenas, a la que dio su nombre[550]. 2
Épafo, hijo de Júpiter, Menfis, en Egipto. Árcade, hijo de Júpiter, Trapezunte, en Arcadia.

Apolo, hijo de Júpiter, Arnas[551]. Eleusino, hijo de Mercu- 3
rio, Eleusis. Dárdano, hijo de Júpiter, Dardania.

Argos, hijo de Agénor, Argos[552]; Cadmo, hijo de Agénor, 4
Tebas *Heptápila*, que se dice que tenía siete puertas.

Perseo, hijo de Júpiter, Perseida[553]. Cástor y Pólux, hijos 5
de Júpiter, Dioscórida. Medo, hijo de Egeo y de Medea, Media, en Ecbatana[554].

549. 'La de cien puertas'. Homero, *Il.* IX 383, llama así a la Tebas egipcia.
550. Error sorprendente.
551. Tucídides, IV 103 menciona un lugar con ese nombre en la Calcídica. También podría aludir a la ciudad tesalia de Arne, llamada después Queronea por Querón, hijo de Apolo: Pausanias, IX 40, 5.
552. En Apolodoro, II 1, 1, el epónimo de Argos era hijo de Zeus y de Níobe *(vid. Fáb.* 145, 1).
553. Persia, llamada así por Perses, hijo de Perseo (cf. Heródoto, VII 61, 3).
554. En realidad, Ecbatana era la capital de Media (Irán).

6 Camiro, vástago del Sol, Camira. Líber, en la India, Amón. La ninfa Éfira, hija de Océano, Éfira, que después llamaron Corinto.

7 Sardo, hija de Esténelo, Sardes. Cíniras, hijo de Pafos, Esmirna, con el nombre de su hija. Perseo, hijo de Júpiter, Micenas. Semíramis, hija de Dércetis, Babilonia, en Siria.

276. Las islas más grandes

1 Mauritania, orientada al ocaso, 5.026 estadios de perímetro. Egipto, que rodea el Nilo, orientada al mediodía, <...> estadios de perímetro. Sicilia, de forma triangular, 30.570 estadios de perímetro.

2 Cerdeña, 10.250 estadios de perímetro. Creta en longitud <...> y posee cien ciudades en ambas partes, 20.100 estadios de perímetro. Chipre, situada entre Egipto y África, similar a un escudo galo, 41.100 estadios de perímetro.

3 Rodas, de forma circular, 20.100 estadios de perímetro. Eubea, semejante a un arco, 20.200 estadios de perímetro. Corcira, una buena tierra, 20.100 estadios de perímetro.

4 Sición, una buena tierra, 1.100 estadios de perímetro. La isla de Ténedos, frente a Ilión, 1.200 estadios de perímetro. Córcega, una tierra muy pobre, 1.120 estadios de perímetro.

5 Las Cícladas son nueve islas[555]: Andros, Míconos, Delos, Tenos, Naxos, Sérifos, Gíaros, Paros, Renia.

555. Echamos en falta algunas importantes, como Paros, Melos o Sifnos. Más sorprendente resulta el que mencione islas que no lo son o unas dimensiones tan desproporcionadas.

277. Los primeros inventores de cosas

Las Parcas, Cloto, Láquesis y Átropo, descubrieron siete le- 1
tras griegas: Α Β Η Τ Ι Υ <...>. Otros dicen que las inventó
Mercurio, a partir del vuelo de las grullas, que al volar des-
criben letras. Igualmente, Palamedes, hijo de Nauplio, des-
cubrió once letras <...>; Simónides cuatro: Ω Ε Ζ Φ; y Epi-
carmo de Sicilia dos letras: Π y Ψ.

Se dice que Mercurio fue el primero en llevar estas letras 2
griegas a Egipto. Desde Egipto Cadmo las llevó a Grecia.
Evandro, exiliado de Arcadia, las trajo a Italia y su madre
Carmenta las transformó en quince letras latinas. Apolo aña-
dió las restantes con su cítara.

El mismo Mercurio fue el primero en enseñar la palestra 3
a los mortales.

Ceres enseñó a domar los bueyes y a cultivar el trigo a su 4
pupilo Triptólemo. Después que éste hiciera la siembra, un
cerdo, esto es, un puerco desenterró lo que había sembra-
do; cogió al puerco y lo llevó al altar de Ceres y, poniendo
unos granos sobre su cabeza, lo inmoló en honor de la dio-
sa. Por ello, se dice que fue el que descubrió la costumbre
de poner harina salada sobre la cabeza de las víctimas.

Isis fue la primera en descubrir las velas: en efecto, mien- 5
tras estaba buscando a su hijo Harpócrates[556], desplegó ve-
las en su barca. Minerva construyó la primera nave de do-
ble proa para Dánao, en la que huyó de su hermano Egipto.

556. Equivalente griego de Horus.

Índice de nombres

En **negrita,** los números correspondientes a títulos de fábulas, y con un asterisco (*) se señalan los nombres corruptos.